MW01706972

LES PHÉNOMÈNES PARANORMAUX

YVES LIGNON

LES ESSENTIELS MILAN

Sommaire

Les mots suivis d'un astérisque (*) sont expliqués dans le glossaire.

Le paranormal

En échappant au savoir de leur temps, certains faits, à la réalité apparemment indiscutable, ont toujours servi aux hommes de prétextes pour apporter des réponses à quelques-unes de leurs angoisses. Même le XIXe siècle, époque de grandes avancées techniques, a vu la naissance d'une religion, le spiritisme, qui affirme que les morts, devenus « esprits », frappent dans les murs ou déplacent des objets. De nos jours, les progrès de la science montrent à la fois que rien n'est inexplicable et qu'il reste beaucoup à expliquer ! Parmi les problèmes en suspens, il en existe de plus fascinants que d'autres (voyance, vie après la vie, etc.), sans doute parce que nous avons tous aimé les contes de fées. Cet ouvrage propose de faire le point sur ces phénomènes ; il se limite à ceux susceptibles d'être associés à des possibilités humaines mal connues. Des cas aussi spécifiques que ceux des ovnis ou des animaux mystérieux sont donc volontairement écartés.

La perception extrasensorielle

Si sans radio, télévision, courrier ou téléphone, nous pouvons prendre connaissance d'un événement – qui ne se déroule pas sous nos yeux – ou communiquer à distance, si les rêves nous apportent quelquefois une information de façon prématurée, est-ce parce que nous sommes capables de percevoir sans utiliser nos sens ?

La clairvoyance

C'est un terme scientifique souvent abrégé en « voyance » par le grand public. Il désigne la possibilité pour un être humain d'acquérir, en temps réel et sans utiliser les cinq sens actuellement connus, des informations sur un fait, un lieu, des personnes… Indépendante de la distance, comme les autres formes de perception extrasensorielle, la clairvoyance peut prendre des formes très intenses (description d'une catastrophe au moment où elle se produit) ou au contraire fort discrètes (trouver un objet caché ou perdu par quelqu'un d'autre). Dans les expériences de laboratoire, il arrive fréquemment que seul le calcul statistique autorise à conclure « qu'il s'est passé quelque chose », que les résultats ne sont vraisemblablement pas dus au hasard. Ce calcul agit alors comme un microscope permettant de détecter des « voyances » de faible intensité.

La séquentialité
Il est acquis que la perception extrasensorielle a un caractère intermittent, c'est-à-dire qu'elle ne peut pas fonctionner de façon continue. Ce qui contredit les annonces publicitaires de la plupart des « voyants » dits professionnels !

La télépathie

Au cours d'un échange télépathique, il semble y avoir communication directe entre deux cerveaux, favorisée par le contexte affectif. Nombreux sont ceux qui connaissent des anecdotes à caractère télépathique mais qui confondent aussi souvent avec la télépathie des coïncidences improbables seulement en apparence: qu'y a-t-il d'extraordinaire à recevoir des nouvelles d'un ami silencieux depuis longtemps alors que l'on songe soi-même à lui en envoyer? Et la télépathie est-elle distincte de la clairvoyance? En effet, lorsqu'une épouse éprouve une douleur au moment où son mari est victime d'un accident, est-ce l'époux qui envoie un message ou seulement la femme qui prend à distance connaissance de l'événement?

Mancies
Il s'agit de procédés qui, selon les croyances populaires dans de nombreux pays, permettent de provoquer la voyance. Les plus connus en Europe sont la cartomancie, qui utilise cartes à jouer ou tarots, et la cristallomancie qui emploie la boule de cristal.

Les affaires criminelles
Plusieurs études américaines et britanniques montrent qu'en collaborant avec la police, d'authentiques « voyants » ont fourni des informations utiles dans diverses enquêtes, même si ces renseignements ne leur ont pas permis directement d'aboutir.

La prémonition ou précognition

C'est la clairvoyance vers le futur. Des chercheurs scientifiques spécialisés ont étudié les cas particuliers de personnes ayant soit échappé à un accident, soit tenté de l'empêcher parce qu'elles « savaient à l'avance » – souvent à la suite d'un rêve – qu'il allait se produire (*voir* pp. 6 à 9).

Derrière l'expression technique « perception extrasensorielle », on trouve des phénomènes connus du grand public: voyance, télépathie, prémonitions. Aux États-Unis, ils font l'objet d'études systématiques en laboratoire depuis 1927.

Les rêves

Il y aurait donc des rêves prémonitoires (*voir* pp. 8-9). De plus, Sigmund Freud (1856-1939) est l'un de ceux qui ont attiré l'attention sur le rôle particulier joué par les rêves comme support télépathique. Des expériences remarquables ont été réalisées à ce propos par les scientifiques américains Montague Ullman et Stanley Krippner, à l'hôpital Maimonides de New York, entre 1970 et 1978: elles ont montré qu'au cours des rêves, on peut recevoir des informations de nature télépathique.

Trois cas célèbres

Tout le monde peut-il vivre une expérience extrasensorielle ? Plusieurs exemples inclinent à répondre par l'affirmative, surtout si l'on est concerné par l'information ainsi reçue.

La vision du pape

Le 7 octobre 1571, à Rome, le pape Pie V décrit « en direct » à son entourage la victoire navale remportée par la flotte catholique sur la flotte turque. Or, cette bataille se déroule en Grèce devant le port de Lépante, situé approximativement à 900 kilomètres de Rome à vol d'oiseau.

L'incendie de Stockholm

Le 19 juin 1769, le philosophe suédois Emmanuel Swedenborg (1688-1772) dîne en compagnie d'une quinzaine d'amis à Göteborg lorsqu'il se lève brusquement pour annoncer qu'un incendie vient de se déclarer dans le quartier sud de Stockholm, ville éloignée d'environ 500 kilomètres de Göteborg.

Durant deux heures, Swedenborg quitte la table à plusieurs reprises, fait quelques pas tout en donnant des détails supplémentaires sur le sinistre, et précise, pour terminer, que l'incendie s'arrête à trois portes de sa propre maison. Le 20 juin, les convives racontent l'histoire au gouverneur provincial, et le 22 juin arrivent les dépêches officielles confirmant le récit de Swedenborg.

Prophétie

Annonce d'événements futurs et importants effectuée principalement par des hommes ou des femmes qui affirment être inspirés par leur dieu. En raison de ce contexte religieux, il est assez difficile d'étudier la valeur des prophéties qui, de plus, sont souvent vagues et non datées.

Faits divers et prémonitions

Les scientifiques qui s'intéressent au paranormal ont étudié des faits divers liés à des prémonitions. Ils ont ainsi analysé et discuté de manière très approfondie certains dossiers mettant en cause des personnalités célèbres ou relatifs à des circonstances exceptionnelles (prémonitions d'assassinats d'hommes politiques, d'accidents d'avions, etc.). Ce sont des cas sur lesquels ils disposent, en général, de nombreux témoignages.

Valeur d'un témoignage

Aussi stupéfiant que soit leur contenu et aussi dignes de confiance que soient ceux qui les rapportent, des témoignages ne peuvent jamais constituer une preuve, au sens scientifique du terme. Mais ils incitent à chercher, et donc à réaliser des expériences en laboratoire.

Concernant un pape, un philosophe ou un écrivain oublié, trois histoires survenues à différentes époques et dans des contextes bien distincts laissent à penser que n'importe qui peut vivre une perception extrasensorielle.

Le naufrage du *Titanic*

En 1898, l'Américain Morgan Robertson publie un roman, *Futility*, dans lequel il raconte comment un paquebot, *le Titan*, le plus grand jamais construit et supposé insubmersible, coule, un jour d'avril, après avoir heurté un iceberg. Le nombre de victimes est élevé par insuffisance de canots de sauvetage. Tous ces détails sans exception vont devenir une réalité lors de la perte du *Titanic* le 14 avril 1912. Qui plus est, le roman donne une description technique complète du *Titan*, navire imaginaire, coïncidant parfaitement avec celle du *Titanic*, navire réel dont la construction ne commencera qu'en 1909. Par contre, le *Titanic* a coulé lors de son voyage inaugural entre l'Europe et les États-Unis, tandis que dans le roman, le naufrage du *Titan* ne se produit qu'au cours de son troisième voyage et dans le sens États-Unis – Europe.

Des rêves qui avertissent ?

Les rêves prémonitoires relatent souvent des faits divers ou des malheurs. Quelle attitude peut donc adopter celui qui sait, mais qui pense en même temps qu'« après tout, ce n'est qu'un rêve » ?

Le bébé qui s'étouffe

Une nuit à 3 h 45 dans les années 1950, après avoir beaucoup hésité, une grand-mère californienne téléphone à son gendre et à sa fille, pour leur dire qu'elle vient de rêver que son petit-fils, un bébé, meurt étouffé sous ses couvertures. Les parents répondent qu'ils sont effectivement intervenus de justesse, réveillés par les cris de l'enfant se débattant en vain. Le rêve de la grand-mère l'a donc informée à la fois de l'existence du danger et de sa nature exacte ; cet exemple confirme l'importance du rôle joué par les liens affectifs.

Sur un chantier

Vers 1960, à la fin de sa dernière nuit de vacances, le dirigeant d'une société canadienne de récupération de métaux rêve la chute de l'une des grues de son entreprise pendant une opération de déchargement de wagons. La scène, très fouillée, permet au dormeur de lire les numéros de la grue et des wagons, de reconnaître le grutier sautant de l'engin qui s'effondre et de détailler ses vêtements. Le responsable du chantier est tout de même surpris lorsqu'en arrivant d'urgence, son patron lui indique ces précisions. L'accident s'est produit deux heures après le rêve.

14 000 témoignages

Les trois cas réalistes, exposés ici, proviennent des 14 000 témoignages triés à partir de 1948 par Louisa E. Rhine et ses collaborateurs de la Duke University à Durham, dans l'État américain de Caroline du Nord (*voir* pp. 52-53).

Le problème du temps

La prémonition (*voir* pp. 4-5) est en désaccord avec l'idée habituelle du « temps qui passe », et qui s'écoule de façon linéaire. Cela explique pourquoi des physiciens de très haut niveau (comme le Britannique Brian Josephson, prix Nobel en 1973, et l'Américain Eugene Wigner, prix Nobel en 1963) se sont intéressés à ce problème dans les années 1970.

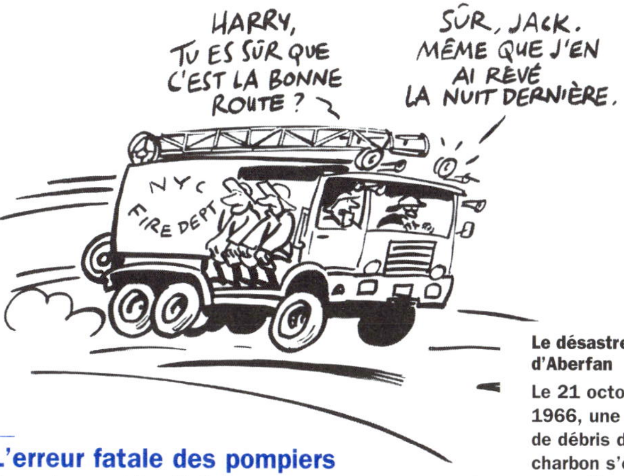

L'erreur fatale des pompiers

Un matin, une New-Yorkaise se souvient avoir rêvé qu'un petit avion s'écrasait sur une villa au bord d'un lac proche de chez elle. L'unique occupant de l'appareil meurt carbonisé car les pompiers, se trompant de route, arrivent trop tard. Envahie par un sentiment de malaise, cette femme raconte son rêve à des proches dans deux lettres postées en fin de matinée, et observe les avions qui survolent sa maison pendant la journée. Préparant le repas du soir, elle entend un nouveau bruit de moteur d'avion et insiste, en vain, pour que son mari parte à la rencontre des pompiers. L'accident survient comme dans le rêve et les époux impuissants voient la voiture de secours bifurquer dans la mauvaise direction.

Le désastre d'Aberfan

Le 21 octobre 1966, une colline de débris de charbon s'écroule, ensevelissant l'école d'Aberfan, un village gallois. Bilan : 144 morts dont 122 enfants. L'enquête d'un psychiatre, le Dr Baker, a permis de découvrir, en Grande-Bretagne, vingt-quatre personnes qui ont, à la suite d'un rêve, raconté le drame à l'avance.

Changer l'avenir ?

Cette New-Yorkaise compte parmi les témoins qui ont déclaré à Louisa E. Rhine (*voir* encadré) combien ils se sentaient culpabilisés par l'idée qu'ils auraient pu empêcher un malheur s'ils avaient fait part de leur rêve ou de leur pensée. À l'opposé, Louisa Rhine a étudié des cas d'accidents évités parce qu'au dernier moment, une personne a reconnu un lieu et des circonstances présents dans un rêve qu'elle avait fait. Les prémonitions annoncent-elles ce qui va se passer ou ce qui risque de se produire si l'on n'intervient pas ? L'avenir est-il écrit ? Vieille question toujours sans réponse.

Les rêves prémonitoires décrivent avec une précision étonnante des événements imprévisibles et devant se produire dans un futur immédiat.

L'astrologie

Personne n'avoue prendre au sérieux les horoscopes des magazines, mais on les publie parce qu'ils sont lus. Et d'ailleurs, qui donc ignore son signe astrologique ?

Un peu d'histoire

S'il existe des astrologies chinoise, mexicaine, hindoue, celle qui est connue en Europe est née en Chaldée (Irak actuel) vers 750 av. J.-C. Elle était déjà contestée par des mathématiciens lorsque, au IVe siècle av. J.-C., des Grecs ont voulu l'appliquer aux individus et non plus seulement aux grands événements. Populaire à Rome malgré l'opposition des empereurs pendant les trois premiers siècles ap. J.-C., l'astrologie sera ensuite oubliée. Puis, mise en relation avec la médecine par les Arabes, de la fin de l'Empire romain au début de la Renaissance, elle fera un retour en force en Europe au XVIe siècle, avant d'être discréditée par les progrès de la science. Vers 1800, le marquis Pierre de Laplace (1749-1827), mathématicien français, la déclare « *détruite sans retour* ». Pourtant, peu avant la Seconde Guerre mondiale, Birman, un faux fakir français, aura l'idée de publier un horoscope dans un quotidien. Une idée qui a fait mouche…

« Nous avons, comme les crus célèbres, les qualités de l'an et de la saison qui nous ont vus naître. L'astrologie ne prétend pas davantage. »
Carl Gustav Jung, psychiatre et psychologue suisse (1875-1961).

Comment « fonctionne » l'astrologie ?

Vus de la Terre, Soleil et planètes donnent l'impression de parcourir une route, le zodiaque, divisée en douze secteurs ou signes. La position du Soleil à l'heure de la naissance d'un individu détermine son signe zodiacal. De plus, l'horizon et le mouvement apparent du Soleil (qui se lève, culmine et se couche) définissent sur la voûte céleste quatre zones. Chacune d'entre elles est à son tour partagée en trois pour obtenir douze « maisons ». Les planètes traversent donc à la fois les « maisons » et les signes du zodiaque. Enfin, les astrologues ont établi, de façon empirique, des correspondances entre les planètes et les couleurs, les métaux, les plantes, etc. Cette théorie du zodiaque permet à l'astrologue de dessiner la « carte du ciel » correspondant à un jour et une heure choisis. L'interprétation de cette carte fournit l'horoscope, bilan de l'influence supposée des planètes sur une personne, ou encore permet de connaître la situation des planètes au moment de tel événement. Par conséquent, s'il y a prédiction, elle ne vient pas de l'astrologie mais de l'interprétation de l'astrologue.

« Rien de plus irritant que le déballage d'âneries, de pronostics insensés, de conseils ridicules auxquels se livrent les trusteurs d'horoscopes. »
Albert Marchon, *Le Crapouillot*, n° 18, cité par Julien Tondriau, dans *Les Sciences occultes*, Marabout, 1981.

Pour ou contre ?

Le débat ne peut concerner que l'astrologie pratiquée sérieusement (construire la « carte du ciel » est une opération délicate) et non les horoscopes en série publiés dans la presse ou sur serveurs Minitel ! Or les raisonnements astrologiques supposent que la Terre est au centre de l'Univers et que ce sont les autres astres qui tournent autour d'elle. Ceci est faux, bien entendu, et constitue un argument très fort permettant de clamer que, dans ces conditions, « ça ne peut pas marcher ». Mais la vraie question n'est-elle pas au contraire de savoir si, malgré tout, « ça marche » ? Les travaux, en 1902, du polytechnicien Paul Choisnard, du statisticien Michel Gauquelin à partir de 1960, et, actuellement, de la biologiste Suzel Fuzeau-Braesch ont donné des résultats curieux, invitant à aller plus loin, même si ce que l'astrologie dit du mouvement des planètes est un énorme contresens.

L'astrologie affirme que les mouvements du Soleil et des planètes aident à la connaissance des hommes et des événements sans pour cela, comme on l'imagine trop souvent, annoncer l'avenir individuel ou collectif.

Le « magnétisme animal »

Les guérisseurs se disent aussi magnétiseurs. Et en prétendant utiliser un fluide, tel Mesmer en son temps, ils comparent leur action sur les malades à celle de l'aimant sur le fer. Jusqu'à présent, l'existence de ce fluide n'a pas été prouvée.

Franz Anton Mesmer

Vers 1770, après avoir terminé des études de médecine durant lesquelles il s'est intéressé à l'astrologie (*voir* pp. 10-11), l'Allemand Mesmer (1734-1815) adresse aux Académies de Berlin, Londres et Paris son livre, dans lequel il explique qu'il a découvert un fluide, universel et invisible. Celui-ci peut passer d'un corps à l'autre pour guérir l'organisme malade; et son effet – le « magnétisme animal », par opposition au magnétisme minéral comme celui des aimants par exemple – est renforcé par des aimants naturels ou des gestes de la main (les passes). Londres et Paris n'accusent même pas réception du livre et Berlin traite Mesmer de fou. Ce qui ne l'empêche pas de s'installer à Vienne, puis à Paris en 1778 où, le snobisme aidant, il connaît un énorme succès, malgré l'opposition des scientifiques de l'époque qui considèrent que tout cela n'est que suggestion. L'acharnement des journaux, ameutés par les médecins, finira par l'obliger à quitter la France peu avant 1789.

La « momification »
Les magnétiseurs affirment souvent que leur fameux fluide peut empêcher la putréfaction de fruits, de morceaux de viande et même d'oiseaux ou de poissons morts. Des observations sérieuses existent, mais sans plus, et il faut être réservé à l'égard des anecdotes spectaculaires (comme celles de la momification d'un fœtus ou d'une main de pendu...).

Le baquet

À Paris, moyennant finance, Mesmer reçoit des groupes de vingt personnes mais va jusqu'à cinquante contre gros supplément d'argent. Introduits dans une magnifique salle, les malades découvrent le baquet: c'est une cuve en partie remplie d'eau à l'intérieur de laquelle se trouvent, sur une couche de limaille de fer et de verre pilé, des bouteilles contenant elles-mêmes de l'eau « magnétisée » (par des gestes de la main).

Chaque malade doit empoigner une tige de fer sortant d'une bouteille et se l'appliquer sur l'endroit à soigner. Une fois que tout le monde est installé autour du baquet, des chants et de la musique s'élèvent. Et Mesmer, en somptueuse robe de soie, s'avance solennellement, brandissant une baguette de fer ; il regarde lentement chacun d'un air autoritaire ; enfin, il se retire tandis que la plupart des patients entrent en transe*.

Du fluide à l'hypnose

En évoquant la suggestion (les malades guérissent parce qu'on leur dit qu'ils vont guérir), les enquêteurs scientifiques, envoyés par le roi Louis XVI, sont peut-être assez proches de la vérité. L'enthousiasme du public n'en est pas affecté pour autant et Mesmer lui-même refuse cette hypothèse de la suggestion en toute sincérité. Après tout, les méthodes de Mesmer évoquent certaines séances contemporaines de psychothérapie, mais aussi, malheureusement, les procédés employés par les sectes. Il faut surtout savoir que le « magnétisme animal » ne réussissait vraiment, à l'époque, qu'aux personnes atteintes de ce que l'on nomme parfois aujourd'hui les maladies nerveuses.

En 1826, l'Académie des sciences de Paris crée une nouvelle commission d'enquête qui s'intéresse favorablement à la transe. Ainsi débute un cheminement scientifique tournant progressivement le dos au fluide pour parvenir à l'hypnose* médicale que l'on connaît de nos jours.

Le médecin allemand Mesmer, l'inventeur du « magnétisme animal », est un curieux personnage qui a surtout permis, sans le savoir, la découverte de l'hypnose au cours du XIXe siècle.

Guérisseurs du monde entier

L'anthropologie* montre que dans les cultures primitives ceux que l'on nomme, selon les pays, chamans, sorciers ou hommes-médecine soignent d'une manière en apparence incompatible avec le savoir de la médecine moderne. Paranormal ou superstition ?

Normal et paranormal

Chez les primitifs (aborigènes ou peuplades de Nouvelle-Guinée par exemple), le paranormal est incorporé à la culture et ne choque pas: nul n'est étonné quand l'homme-médecine déclare que les esprits indiquent comment soigner. On peut tout de même penser que si la croyance demeure, c'est parce qu'il existe des résultats palpables. Dans un livre de 1973, *Sorciers et psychiatres*, l'anthropologue américain E. F. Torrey expose un point de vue qu'il n'est pas le seul à défendre: la magie se réduit souvent à des tours d'illusion pouvant être aussi efficaces que la psychiatrie. Même si l'étude scientifique des résultats obtenus reste difficile, il est vraisemblable que les hommes-médecine savent préparer des tisanes et surtout agir dans les profondeurs de la conscience en utilisant des techniques (comparables à celles du yoga). Celles-ci, en développant la maîtrise du corps et du mental, conduisent à des effets magiques, mais en apparence seulement. En aucun cas, elles ne remplacent les antibiotiques!

Guérir ou faire le mal ?
Il n'y a pas que dans les Caraïbes que l'on pense que celui qui soigne peut également faire le mal et même tuer. Le stress subi par la victime, dans une situation de transe* ou sous l'effet de pressions psychologiques, reste la cause la plus probable de certains décès, aussi déroutants soient-ils.

Comment soignent chamans et sorciers ?

En Mongolie, le chaman (*voir* encadré) dépose près du malade une flèche. À l'extrémité de celle-ci part un fil rouge menant jusqu'à un bouleau. Par ce fil, l'âme, qui s'est éloignée à cause de la maladie, regagne le corps pour provoquer la guérison. En Afrique du Sud, le guérisseur ou *sangoma* chante et, lorsqu'il sent un poids peser sur ses épaules, il se met à parler de manière décousue,

s'arrêtant brusquement quand le mauvais esprit est chassé. Certains *sangomas* ont déclaré à l'anthropologue Adrian K. Boshier qu'ils avaient alors l'impression d'avoir rêvé.

Les secrets qui guérissent

En France, en particulier dans le Sud-Ouest, la tradition prétend que des prières ou des recettes agissent sur certains troubles et maladies: verrues, brûlures, zona, coups de soleil, etc. Dans ce dernier cas, la façon de procéder est insolite : celui qui connaît la formule la récite au-dessus d'un verre d'eau froide, et lorsque celle-ci bouillonne, la victime de l'insolation est soulagée. À noter que le malade peut se trouver aussi bien à côté du verre qu'à l'autre bout du fil d'un téléphone! Ces techniques sont souvent secrètes, elles ne peuvent généralement être transmises que dans des conditions précises (par exemple à un membre de la famille au moment où le possesseur de la technique va mourir). Et bien que leur existence soit rapportée par un grand nombre de personnes, elles n'ont pas encore fait l'objet d'évaluations scientifiques approfondies.

Le chaman
Pour les peuples d'Asie centrale et septentrionale, le chaman est un homme religieux. En domestiquant les esprits des morts, il obtient de nombreux pouvoirs (se rendre invisible ou insensible au froid, par exemple), et notamment celui de guérir.

La conviction selon laquelle des procédés magiques ou secrets permettent de guérir est répandue sur toute la Terre, y compris en France, bien entendu.

Charlatans et expériences

Plusieurs sectes affirment savoir guérir. Il est donc important que la science trie le vrai du faux, sans préjugés quant aux pouvoirs des guérisseurs.

Le Brésilien au couteau

Se disant guidé par l'esprit d'un médecin allemand nazi expiant des actes commis pendant la Seconde Guerre mondiale, le paysan brésilien Zé Arigo, décédé en 1971, opère de la cataracte ou des hémorroïdes avec un couteau, sans précautions d'hygiène, et cela, selon sa réputation, sans aucun accident! Il semble qu'un nazi réfugié au Brésil ait pu lui enseigner quelques techniques, et qu'il utilisait des plantes évitant certaines infections. Mais, comme Zé Arigo ne tenait pas de fichier sur les malades, on ne sait pas si sa méthode était réellement efficace et sans danger.

Les chirurgiens « psychiques »

La chirurgie «psychique» connaît un énorme succès aux Philippines entre 1970 et 1980. Près d'un millier d'hommes et de femmes, ignorant tout de la médecine, se prétendaient capables de guérir n'importe quel malade en incisant son ventre avec leurs doigts, pour, au milieu d'un jet de sang, «extraire la maladie» sous forme d'une masse organique. De multiples

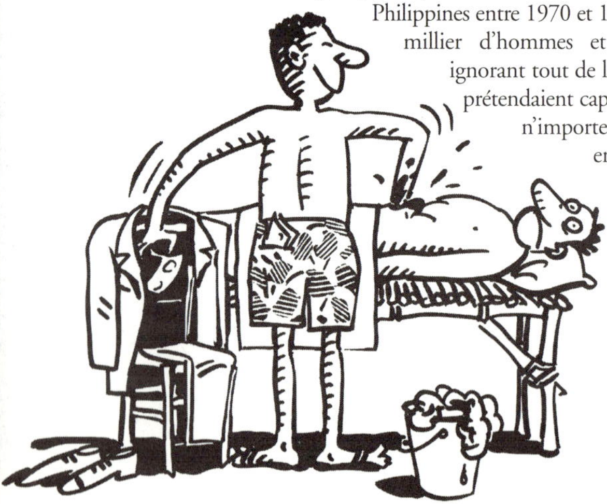

témoins ont cru de bonne foi assister à cette scène incroyable. Après l'« opération », la peau était sans cicatrices et les personnes atteintes d'une maladie grave, venues nombreuses d'Europe et des États-Unis, se croyaient guéries! Le premier à avoir tenté d'« acclimater » la méthode en France a été démasqué, en janvier 1977, par le Laboratoire de parapsychologie de Toulouse aidé d'illusionnistes. Et toutes les enquêtes menées sur place aux Philippines ont conclu de même: trucages, exploitation de la détresse et améliorations constatées attribuables à la suggestion (*voir* pp. 12-13). Plusieurs de ces « chirurgiens » étaient entre-temps devenus riches.

Action réelle des guérisseurs

En 1954, une étude menée par la British Medical Association montre, pour la première fois, que des guérisseurs exercent une action réelle et de nature psychologique dans la plupart des cas.

Eau « magnétisée » et souris blessées

Une expérience classique consiste à placer deux lots de graines exactement dans les mêmes conditions d'éclairage, de température, d'arrosage, etc., mais en utilisant pour l'arrosage de l'un de l'eau sur laquelle un guérisseur a effectué des « passes magnétiques » (*voir* pp. 12-13). Avec l'intervention de certains guérisseurs, on a pu ainsi observer que les tiges sortant des graines ainsi traitées se développaient mieux et plus vite que les autres.

Une autre expérience, mise sur pied en 1965 par le médecin biologiste Bernard Grad de l'université canadienne MacGill, est de première importance. On a enlevé une surface de peau identique sur le dos de souris réparties en trois groupes; puis deux groupes ont été soignés à l'aide de « passes », le premier par des guérisseurs, le second par des étudiants. Personne ne s'est occupé du troisième. Une accélération inexpliquée de la cicatrisation s'est produite chez les souris du premier groupe. D'autres expériences du même type ont été depuis réussies aux États-Unis et, en 1994, des chercheurs hollandais ont chargé des guérisseurs de traiter des rats atteints de tumeurs. Opération menée avec un certain succès! Ces résultats sont certes passionnants, mais ils ne constituent qu'une ouverture vers la validation scientifique de l'action des guérisseurs. Ils ne justifieraient en rien que quelqu'un souffrant d'une maladie grave soit confié aux seuls soins d'un guérisseur.

« Menteur comme un arracheur de dents » ou « comme un chirurgien psychique », dit-on des guérisseurs. Les expériences effectuées avec eux n'en sont pas pour autant toutes négatives, et certaines sont même de remarquables réussites scientifiques.

Les champions du pendule

Guidé par les mouvements d'un pendule, le professeur Tournesol cherche le trésor de Rackham le Rouge et trouve un bracelet inca. Il s'agit d'une bande dessinée bien sûr, mais inspirée tout de même d'une certaine réalité.

Le pendule du radiesthésiste

Il ressemble au fil à plomb du maçon et a sans doute été inventé vers 1750, après que le physicien anglais Gray a remarqué que certains petits objets électrisés en attiraient d'autres suspendus à un fil. Aujourd'hui, les magasins spécialisés proposent une grande variété de pendules mais les fabrications « maison » sont fréquentes : il peut alors s'agir d'une montre ancienne pendue au bout d'une chaîne, d'un bouchon de radiateur automobile à l'extrémité d'un lacet, d'une bague accrochée à un cheveu.

« ***Les radiesthésistes parlent d'ondes sans préciser la nature de celles-ci tout en ayant la prétention de déceler leurs lois.*** » **Robert Tocquet, *Les Pouvoirs secrets de l'homme*, Productions de Paris, 1963** **(*voir* pp. 28-29).**

L'abbé Mermet et Jean-Louis Crozier

Selon l'abbé Mermet (1856-1937), de nationalité suisse, tout corps (une source comme un objet, un être vivant ou mort...) dégage une radiation agissant sur le pendule, et l'interprétation des oscillations de celui-ci permet de localiser l'émetteur des radiations.

Passant aux actes au début du XXe siècle, l'abbé Mermet détecte surtout des nappes d'eau souterraines en éprouvant de violentes douleurs dans les mollets au moment de toucher au but. En 1928, il indique l'endroit, près du pôle Nord, où s'est écrasé le dirigeable de l'explorateur italien Nobile. Quant au Français Jean-Louis Crozier, qui pratique la radiesthésie, il s'est spécialisé dans la recherche de personnes disparues. Bien connu des services de secours, il réussit en moyenne une fois sur quatre à condition d'intervenir dans les heures suivant la disparition. Dans une affaire de meurtres, il n'a pas retrouvé les victimes, mais a désigné la photographie de l'assassin (qui devait avouer par la suite) parmi celles de plusieurs suspects.

« Des personnes ont la faculté de mettre en mouvement des pendules quand elles approchent de certaines substances élémentaires qui sont dans un rapport particulier avec leur organisme. »
Johann Joseph de Görres, *La Mystique divine, naturelle et diabolique*, 1840.

De la théorie à la pratique

En accord avec le contexte scientifique de cette époque, les conceptions de l'abbé Mermet avaient tout pour plaire. Mais on sait aujourd'hui qu'il ne s'agit que de mots séduisants. Des dizaines d'appareils ont été inventés pour mettre en évidence les fameuses radiations, mais aucun n'est parvenu à les capter. Comment d'ailleurs pourrait-on les ressentir en opérant sur cartes ou photographies? Or, c'est souvent ce que fait Crozier. Enfin, il est quasi certain que des mouvements inconscients du poignet provoquent le balancement.

De nombreuses expériences aux résultats déplorables s'opposent à d'exceptionnelles réussites individuelles authentifiées, ce qui montre qu'acheter un pendule puis étudier son mode d'emploi ne suffit pas. L'hypothèse des radiations étant sans valeur scientifique, il ne reste alors que celle d'une forme particulière de voyance (*voir* pp. 4-5).

Comme l'abbé Mermet, « inventeur » de la radiesthésie, Jean-Louis Crozier croit en l'existence de mystérieuses radiations.

Les virtuoses de la baguette

Dans certaines provinces de France, on assiste encore au spectacle étonnant du sourcier, qui semble entraîné par sa baguette piquant du nez vers le sol.

Sourciers et radiesthésistes

Connu depuis 2000 ans av. J.-C. en Chine comme en Égypte, le sourcier cherche surtout de l'eau. Plus généraliste et européen, le radiesthésiste n'apparaît qu'à la fin du XIXe siècle.

La baguette divinatoire

C'est l'outil du sourcier, flèche ou simple bâton dans l'Antiquité. Au Moyen Âge apparaît le célèbre instrument: un rameau fourchu de saule, de coudrier ou autre bois souple. Aujourd'hui, on utilise aussi deux tiges métalliques soudées ou attachées par une extrémité. En quête d'une nappe d'eau souterraine, d'une source (éventuellement d'un objet ou d'une personne), le sourcier empoigne son ustensile par les branches, pouces en l'air, et se déplace, attendant qu'à l'approche du but l'extrémité libre s'incline brutalement vers le sol, comme attirée par une force irrésistible. Lorsque les sourciers affirment se sentir entraînés, il ne s'agit sans doute que d'une impression. De même, le mouvement de la baguette est certainement dû à l'effet d'une action musculaire inconsciente. Et il n'en demeure pas moins que, tout en ne s'en rendant pas compte, certains sourciers agissent sur la baguette au moment où il le faut. Ils montrent ainsi qu'ils viennent de détecter la présence d'eau d'une manière apparemment incompréhensible.

Le XVIIe siècle : la grande époque des sourciers

En France, les sourciers ont connu le succès sous Louis XIV (1643-1715). Tandis qu'Allemands et Anglais se sont mis à utiliser la baguette pour découvrir des gisements métalliques (ou des trésors !), son emploi traditionnel près de Château-Thierry en 1629 lance une mode qui va durer un siècle. En 1674, *Le Bâton magique*, livre de l'avocat Le Royer, prête à l'engin de multiples propriétés. En 1692, avec un sens certain de la publicité, le Savoyard Jacques Aymar ajoute même celle de retrouver les brigands. En 1693, dans son *Traité de la baguette divinatoire*, l'abbé de Vallemort se réclame de Descartes (1596-1650) pour privilégier les possibilités d'explications naturelles.

Le point de vue scientifique

Directeur du laboratoire de physique de l'École normale supérieure à Paris de 1946 à 1951, Yves Rocard (1903-1992) a longuement étudié les sourciers. Il utilise à leur propos le terme « biomagnétisme » et monte de nombreuses expériences. Selon lui, les facultés des sourciers sont bien réelles et pourraient s'expliquer par la présence d'un aimant naturel en divers endroits du corps : arcades sourcilières, creux des coudes, genoux, talons. À partir de 1985, l'ingénieur allemand Hans Dieter Betz a dirigé de remarquables investigations au cours d'un programme de coopération avec le tiers-monde. Un sourcier a réalisé de telles performances (il a trouvé de l'eau presque à chaque fois) dans plusieurs pays victimes de la sécheresse, que Betz a pu considérer que le recours à un vrai sourcier constituait une solution provisoire « *économique et efficace* ».

Grâce aux travaux d'Yves Rocard, grand physicien français, le mystère des sourciers est en voie d'être éclairci.

Nostradamus

On ne connaît souvent, de Michel de Nostre-Dame, dit Nostradamus, qu'une caricature. Médecin avant tout, son œuvre littéraire garde pourtant une part de mystère.

Portrait

Né à Saint-Rémy-de-Provence en 1503 dans une famille de médecins juifs récemment convertie au catholicisme, c'est autant par vocation que par tradition familiale que Michel de Nostre-Dame effectue des études médicales. Au début de sa carrière, la peste ravage le Languedoc, et ses interventions courageuses pour imposer d'efficaces mesures d'hygiène montrent son savoir et sa personnalité. Après un veuvage précoce, il ne cesse de voyager, curieux de tout, étudiant sans relâche, puis s'établit définitivement à Salon-de-Provence en 1546. Il y exerce son métier avec générosité et dévouement, tout en pratiquant l'astrologie (*voir* pp. 10-11) et en cherchant à apprendre encore. Ses livres (contenant des prophéties mais portant aussi sur le maquillage ou proposant des recettes de confiture) lui apportent la notoriété. Invité à la Cour par la reine Catherine de Médicis, Nostradamus vieillit en notable respecté : il reçoit, en 1564, deux ans avant de mourir, la visite du jeune roi Charles IX, qui, effectuant un tour de la France, fait un détour par Salon-de-Provence pour le rencontrer.

Une bonne affaire

En 1981, on a vendu à des milliers d'exemplaires un livre expliquant comment Nostradamus annonçait, à coup sûr, qu'une guerre ravagerait le midi de la France entre 1982 et 1986.

Les prophéties

Précédées d'une introduction écrite en 1558 à l'intention du roi Henri II, les *Centuries*, le livre prétendument prophétique de Nostradamus, se compose de 942 quatrains rédigés en majorité dans un parfait charabia. Déclarant par ailleurs que cette obscurité est une mesure de prudence, l'auteur donne surtout l'impression de vouloir sauver la face !

De sa mort en 1566 à nos jours, des charlatans ont affirmé sans relâche avoir, eux, tout compris.

Une énigme inattendue

Les choses pourtant ne sont simples qu'en apparence. Il existe en effet dans les *Centuries* six passages totalement différents des autres (six seulement auxquels se joint la brève phrase extraite de la lettre à Henri II indiquant que 1792 sera une année exceptionnelle, *voir* ci-contre). Ces six extraits, et eux seuls, sont écrits en langage clair. Ils mentionnent explicitement des événements historiques précis survenus après le décès de Nostradamus : mort du roi d'Angleterre Charles Ier en 1649 et du pape Pie VI en 1799, arrestation de Louis XVI à Varennes en 1791, gouvernement napoléonien de 1799 à 1814. Ces textes brefs ont toujours frappé ceux qui se sont intéressés à Nostradamus, sans *a priori,* tel le grand philosophe français Georges Dumézil (1898-1986). Nostradamus, c'est un fait établi, n'hésitait pas à tester sur lui-même des préparations à base de plantes. Quelques-unes d'entre elles auraient pu provoquer des délires, expliquant le ton confus de la majorité des *Centuries.* Mais, à de rares reprises, ces délires ont peut-être laissé place à des états altérés de conscience. Et l'on pense aujourd'hui que ce sont ces états qui pourraient favoriser la perception extrasensorielle (*voir* pp. 4-5).

« *L'an 1792 que l'on cuidera estre une rénovation du siècle* », Nostradamus, lettre à Henri II.

À travers les siècles, Nostradamus demeure une superstar du paranormal.

Alchimie et alchimistes

L'alchimiste veut transformer le métal en or. Aujourd'hui, la chimie thermonucléaire y parvient. Il n'y a donc plus aucun mystère. Mais l'or ainsi fabriqué coûte trop cher, ce qui ôte à l'alchimie tout intérêt industriel et économique.

Histoire et principes de l'alchimie

L'alchimie serait apparue il y a sept siècles av. J.-C. en Chine mais on n'en trouve de réelles traces qu'en Égypte en l'an 300 av. J.-C. Introduite en Europe vers le XIIe siècle, à l'époque des croisades, elle atteint son apogée au début du XVIIe siècle, malgré les escroqueries des « souffleurs d'or », spécialistes des démonstrations truquées. Puis, comme l'astrologie (*voir* pp. 10-11), l'alchimie recule devant le rationalisme avant d'être discréditée par des charlatans (comme par exemple l'Italien Cagliostro, 1743-1795) à la fin du XVIIIe siècle. En déclarant que les alchimistes ont précédé les scientifiques, le grand chimiste français Marcelin Berthelot (1827-1907) a vu juste – vers 800, les alchimistes arabes connaissent déjà quelques propriétés des acides – mais il n'a pas tout dit. Pour le véritable alchimiste, on ne peut réussir à transformer la matière

« Les opérations réelles que faisaient les alchimistes nous les connaissons et nous les répétons chaque jour. »
Marcelin Berthelot, *Les Origines de l'alchimie*, 1885.

« Lis, lis, relis, prie, travaille et tu trouveras », **devise alchimiste.**

qu'à l'issue d'une évolution personnelle, et les opérations alchimiques sont d'abord des entreprises de rénovation spirituelle de l'homme. Et donc, si tout en effectuant des découvertes l'alchimie n'est jamais parvenue à trouver la pierre philosophale (*voir* encadré), elle a toujours ses fidèles dont la démarche n'a rien à voir avec la chimie.

La pierre philosophale
Recherchée par les alchimistes, la pierre philosophale servirait à fabriquer de l'or, guérir, prolonger la vie, rendre invisible...

Sens symbolique des opérations alchimiques

Selon les alchimistes, tout débute par l'« Œuvre au Noir » (associée symboliquement à la mort) suivie de l'« Œuvre au Blanc » (ou « Petite Œuvre ») correspondant à la purification de l'âme. Enfin, l'« Œuvre au Rouge » (ou « Grande Œuvre ») représente l'accès à la vie éternelle. Soufre, sel, arsenic, métaux sont purifiés et mélangés pour obtenir la Pierre Blanche qui change le métal en argent. La mixture enfermée dans un vase clos, dit « œuf philosophique », est chauffée longuement dans un fourneau, l'athanor. En cas de réussite, la préparation vire du noir au blanc (symboles de putréfaction et de résurrection), puis au rouge, et se solidifie, donnant la pierre philosophale.

Nicolas Flamel (1330-1418)

Ce libraire et écrivain public parisien serait arrivé, en 1382, à transformer du mercure en argent puis en or après l'étude d'un livre parvenu mystérieusement entre ses mains. Homme simple et honnête, généreux et charitable, son habileté financière suffit sans doute à expliquer son enrichissement.

Fulcanelli

Alchimiste du XXe siècle, il est l'énigmatique auteur de deux livres érudits et poétiques, *Le Mystère des cathédrales* (1926) et *Les Demeures philosophales* (1932). Tous deux sont préfacés par un autre alchimiste, Eugène Canseliet, qui se dit son disciple. Nul n'a rencontré Fulcanelli. Personnage névrosé, canular? On a pensé qu'il s'agissait de Canseliet lui-même ou, selon d'autres sources, du peintre Jean-Julien Champagne, mort dans la misère en 1932.

L'alchimie est une très ancienne croyance qui compte encore nombre d'adeptes. Il existe au XXe siècle d'authentiques et sincères alchimistes.

Uri Geller

Des clés et des cuillers qui se tordent quand on les effleure : tromperie ou problème scientifique ?

Les exploits

Au début des années 1970, Geller se produit au music-hall en Israël, son pays, en demandant aux spectateurs d'apporter montres abîmées, cuillers et clés. Rien qu'en les caressant, il remet en marche les premières et tord les deuxièmes. Puis, pour faire bonne mesure, il ajoute des démonstrations de voyance et termine en expliquant ses prouesses par un don mystérieux. En raison de son succès, sa carrière devient internationale en 1972.

La polémique

Des illusionnistes se mettent vite à penser que Geller se sert de trucs sans l'avouer. Et, à partir de 1974, certains de ces artistes, jusque-là inconnus, trouvent la célébrité en prétendant dévoiler les procédés employés par Geller. Mais la querelle s'envenime. Car dans le même temps, Geller accepte de se soumettre, sous le contrôle d'autres illusionnistes, à des tests scientifiques qui montrent qu'il est capable de tordre le métal de manière inexpliquée. Malgré une expertise négative, on l'accuse de s'être fait implanter une radio dans une dent. Pour réfléchir au cas Geller, il faut se souvenir que ses adversaires passaient à la télévision, tandis que ses défenseurs rédigaient des comptes rendus semi-confidentiels.

Définition
La parapsychologie scientifique étudie la perception extrasensorielle (*voir* pp. 4-5) et la psychocinèse* dont les phénomènes attribués à Geller sont un exemple.

***« Geller ? un mélange de saltimbanque, de charmant garçon et de parapsychologie »*, Rémy Chauvin, *La Fonction psy*, 1991.**

Les expériences

À l'actif de Geller figurent les tests de voyance, rapportés entre 1973 et 1975 dans la revue scientifique *Nature*, ainsi que les tests sur cuillers et anneaux métalliques, réalisés notamment par l'US Navy sous la direction de l'ingénieur Eldon Byrd, qui était aussi illusionniste et, au départ, fervent sceptique. En Grande-Bretagne, plusieurs physiciens, dont le célèbre David Böhm, ont proposé à Geller, entre autres choses, de briser un cristal enfermé

Le moine-fantôme : une histoire vraie

Robert Tocquet (*voir* ci-contre) a étudié ce qui s'est produit dans un ancien couvent où, à partir du 10 juillet 1955, la nouvelle propriétaire, Mme V., et ses deux fils de 20 et 30 ans voient à de multiples reprises une silhouette humaine. Celle-ci semble se composer de vapeur ou de brouillard. Ce fantôme parle : il explique qu'il est un moine coupable d'actes terribles, donne des indications permettant de retrouver une statue de la Vierge et cesse de se montrer en mars 1960. Bien sûr, on pense d'abord à une hallucination collective (qui aurait tout de même duré presque cinq ans) ou à un trucage inspiré par la malveillance de personnes qui auraient voulu pousser à la vente du couvent. Mais rien n'a permis d'étayer ces hypothèses. De plus, après avoir essayé de toucher le revenant, Mme V. a gardé pendant plusieurs semaines des brûlures aux mains et aux poignets. Même en admettant que la voyance (*voir* pp. 4-5) explique la découverte de la statue, il reste des photographies, développées par le professeur Tocquet lui-même, sur lesquelles le fantôme, très visible, est conforme à la description faite par des témoins. Pour Robert Tocquet, il s'agit de documents uniques dans toute sa carrière. Il les commente en remarquant qu'ils ne prouvent en rien que l'on puisse revenir après la mort, mais simplement que les phénomènes paranormaux incontestables sont beaucoup plus rares que les romans d'épouvante !

Fantômes célèbres

Parmi les innombrables revenants de la littérature et du folklore européens figurent la Dame Blanche. Celle-ci annonce la mort des membres de la dynastie des Habsbourg. Autre exemple de revenant : le roi assassiné du Danemark se montrant à son fils Hamlet dans la fameuse pièce de Shakespeare.

Fantômes japonais

Au Japon, certaines histoires de fantômes très connues ressemblent beaucoup à celles que l'on raconte en Europe.

Robert Tocquet (1890-1993)

Ce professeur de chimie et illusionniste amateur – ce qui lui a souvent été utile – a étudié les phénomènes paranormaux pendant plus de cinquante ans.

Les fantômes sont de toutes les époques, de tous les pays et on en trouve même dans les chansons populaires.

Les ectoplasmes

Ectoplasmes : pour le capitaine Haddock, un juron ; pour les spirites, matérialisation de l'« esprit » d'un décédé ; et pour la science ? Étranges et spectaculaires, les apparitions d'ectoplasmes restent mal connues, bien qu'ayant fait à plusieurs reprises l'objet d'études minutieuses.

La question du trucage

Les spirites (*voir* pp. 40-41) nomment ectoplasmes les masses blanchâtres, ressemblant parfois à du chiffon ou du papier mâché, qui sortent de la bouche, de l'épaule ou du plexus du médium*. D'une durée assez brève, le phénomène est fréquemment observé du XIXe siècle à 1940. Mais si les témoignages sont nombreux, aucun n'est probant, car à l'époque, le médium, assis dans la cabine spirite (*voir* encadré), refuse la présence de personnes sceptiques ou impose la pénombre. Cela dit, et bien que les spirites aient de plus démasqué eux-mêmes des charlatans, on ne peut conclure rapidement au trucage : en effet, à côté de cette masse d'observations médiocres existe aussi une documentation scientifique de qualité.

La cabine spirite
Ensemble de rideaux sombres derrière lesquels certains médiums exigeaient de s'installer pour, disaient-ils, que les « esprits » puissent se manifester sous forme d'ectoplasmes. Dispositif très pratique pour qui voulait truquer à coups de ballons de baudruche, de voiles en tulle, etc. !

Institut métapsychique
Il est fondé en 1919 à Paris par le mécène français Jean Meyer (1855-1931), pour permettre l'étude scientifique des médiums. Entre 1919 et 1939, ses groupes de travail ont réalisé des expériences uniques au monde, et mis en évidence des ectoplasmes.

Les moulages de l'Institut métapsychique

Le mérite des chercheurs de l'Institut métapsychique est d'avoir, de 1920 à 1923, avec les médiums polonais Jean Guzik (1876-1928) et Franek Kluski (1874-1944), imposé leurs conditions. Pas question d'assister à une séance de spiritisme : tout se passait en laboratoire avec des procédures de contrôle très strictes. C'est dans ce contexte,

sévère mais indiscutable, qu'une équipe de trente personnes a étudié Guzik et que, mieux encore, les ectoplasmes en forme de mains produits par Kluski sans cabine spirite ont été moulés dans le plâtre. Ce matériel, rigoureusement expertisé par des spécialistes, constitue la preuve de la réalité du phénomène ectoplasmique, indépendamment des croyances spirites. Celles-ci, croyances respectables mais croyances seulement, ne peuvent aucunement constituer l'explication de faits naturels, même lorsque ces faits, et c'est bien le cas des ectoplasmes, sont déroutants en raison de leur extrême rareté.

Y a-t-il encore des ectoplasmes ?

Non, puisque les progrès techniques rendent le trucage impossible, répondent à tort ceux qui ignorent à la fois les expériences de l'Institut métapsychique et les résultats de certaines enquêtes contemporaines. Quelques groupes spirites, en effet, signalent toujours l'existence de personnes – dont les dires sont à vérifier, cela va de soi – qui produiraient des ectoplasmes. Les travaux scientifiques restent néanmoins rares. Et, au cours des dernières années, les deux seuls cas ayant retenu l'attention (l'un au Brésil, l'autre aux États-Unis) n'ont pu être analysés complètement, un certain contexte religieux rendant difficile une approche scientifique.

Le dossier des ectoplasmes est constitué d'éléments contradictoires : d'indiscutables preuves de trucage s'opposent à des rapports scientifiques favorables à la reconnaissance du phénomène ectoplasmique.

Les apparitions de la Vierge

Croire aux apparitions de la Vierge est une affaire de religion, étudier les faits relève de la science.

Lourdes et ses miracles

À l'issue d'études médicales indépendantes de l'Église catholique, celle-ci a déclaré « miraculeuses » certaines des guérisons (72 au total en 1994) qui se sont produites à Lourdes depuis 1858. Cette année-là, la Vierge y serait, selon les catholiques, apparue à Bernadette Soubirous. Le choc psychologique provoqué par le pèlerinage peut être à l'origine de guérisons improbables mais non impossibles. Il reste cependant des dossiers énigmatiques. Par exemple, l'intéressante hypothèse de la régénération cellulaire (la queue du lézard repousse) n'explique qu'en partie le cas d'un jeune garçon dont les organes visuels détruits se sont reconstitués… après qu'il a retrouvé la vue!

Fatima, un cas trouble

D'après l'Église, deux fillettes et un garçon ont vu la Vierge à six reprises de mai à octobre 1917, près du village portugais de Fatima. La rumeur aidant, croyants et curieux accompagnaient en masse les enfants. Et s'il est établi que, réels ou non, les phénomènes de Fatima ont été exploités dans un sens politique conservateur, ce qui s'est produit le 13 octobre 1917 mérite l'attention. Ce jour-là, attirées par l'annonce d'un prodige, cinquante mille personnes (dont des journalistes anticléricaux) ont vu le soleil tournoyer longuement. Bien qu'actuellement aucune ne soit entièrement satisfaisante, plusieurs possibilités d'explication scientifique contredisent la propagande qui affirme que cette « danse du soleil » échappera toujours à la raison humaine.

Reconnaissance de l'Église

De 1830 à 1934, l'Église catholique a officiellement reconnu quinze apparitions. Mais depuis, une seule (en 1976 au Venezuela) sur plus de trois cents signalées a obtenu cette approbation.

Pontmain, un cas curieux

Dans ce bourg de la Mayenne, la Vierge, selon l'Église, se serait montrée le 17 janvier 1871. En présence du curé, de religieuses et d'adultes qui, eux, ne voyaient rien, sept enfants âgés de 24 mois à 12 ans ont eu le spectacle d'une « Dame » en robe bleue et voile noir se tenant dans l'air au-dessus d'un toit. L'apparition s'est modifiée plusieurs fois : changement de taille, présence temporaire d'un ovale entourant le personnage, de cierges, d'étoiles, de bandes portant des textes pieux. L'important ici est la cohérence des récits des enfants et l'attitude surprenante d'Augustine (2 ans et demi) qui tendait le doigt vers le « Zésu ». Comme certaines guérisons de Lourdes, ce qui s'est passé à Pontmain pose problème, même si une interrogation scientifique ne donne jamais raison à une religion.

L'influence du catholicisme explique pourquoi tant de personnes admettent les apparitions de la Vierge, sans se préoccuper de leur authenticité.

Des cas très douteux

Le dynamisme des défenseurs des apparitions de la Vierge à San Damiano en Italie (1965-1981) et à Medjugorje en Bosnie (depuis 1981) attire de nombreux fidèles. Ceux-ci s'imaginent souvent assister à des merveilles, malgré l'avis négatif des autorités religieuses. Des enquêtes ayant de plus dévoilé des arrière-plans suspects, commerciaux notamment, prudence et réserve sont de rigueur.

L'aventure de Versailles

Pourrait-on voyager dans le temps autrement que par le jeu de l'imagination ou qu'en lisant un roman de science-fiction ? Les « souvenirs » de ceux qui racontent s'être rendus dans le passé se réduisent en général à des scénarios inconsistants. Tout le contraire du récit de miss Moberly et miss Jourdain !

Portrait des deux miss

Célibataires britanniques de 38 et 55 ans, amies de longue date, filles de pasteur et directrices de collèges, les héroïnes de l'aventure de Versailles ne sont ni historiennes ni portées sur le canular (et c'est une certitude !).

L'aventure

Le 10 août 1901, miss Moberly et miss Jourdain (*voir* encadré), alors en vacances en France, décident de traverser le parc de Versailles pour se rendre aux Trianons. Il s'agit d'une journée ordinaire : aucune fête en costumes n'est organisée. Après quelques minutes de promenade, les deux demoiselles se retrouvent seules et mal à l'aise au milieu d'un paysage silencieux, ressemblant à un décor de théâtre. Poursuivant malgré tout leur chemin, elles rencontrent des personnes, hommes et femmes, habillées à la mode de 1780-1790, semblant être tantôt des domestiques, tantôt des familiers du roi Louis XVI. Et les demoiselles demandent même leur direction à certaines d'entre elles. Moins d'une heure s'est écoulée lorsque les miss entendent à nouveau les bruits de la nature et aperçoivent des touristes, de leur époque.

Opinion
En prenant connaissance de leur histoire dans les années 1930, Albert Einstein (1879-1955) déclare, mi-sérieux, mi-souriant, que les deux miss ont trébuché dans l'escalier du temps...

L'enquête

Fortement remuées, les dignes Anglaises constatent vite qu'elles ont vécu au même moment les mêmes scènes bizarres. Elles décident donc de mener une enquête très fouillée au cours de laquelle, revenant à Versailles en 1904, elles ne reconnaissent pas les lieux. On leur explique pourtant que s'ils ne sont pas les mêmes qu'en 1785, ils n'ont en tout cas pas changé depuis 1901. L'étude des archives leur permet d'identifier plusieurs des employés du palais et des courtisans qui vivaient à Versailles au XVIIIe siècle, ceux-là mêmes qu'elles ont « croisés » en 1901. Finalement, signant prudemment de pseudonymes, les deux miss racontent l'histoire dans un livre, paru en 1911, sobrement intitulé *An adventure.*

Les hypothèses

Même s'il est préférable qu'une enquête ne soit pas menée par les acteurs de l'événement, les investigations des deux miss, personnes parfaitement équilibrées et débordant de sang-froid britannique, représentent dix ans de travail sérieux. La possibilité d'une double hallucination est exclue puisque les deux miss ont « rencontré » des gens ayant réellement vécu autrefois à Versailles et dont elles ignoraient tout. Reste deux hypothèses :
– celle d'un déplacement dans le temps, comme l'ont imaginé certains romanciers ;
– celle d'un phénomène de « voyance » particulièrement intense et ciblé se produisant chez deux personnes simultanément. Un phénomène qui leur permet de découvrir des scènes et des personnages de la vie à Versailles sous Louis XVI. Mais dans l'un comme dans l'autre cas, seuls les progrès scientifiques aideront un jour à comprendre exactement ce qui est arrivé à ces deux Anglaises en vacances sur le vieux Continent.

L'expérience vécue à Versailles par deux Anglaises, miss Moberly et miss Jourdain, conduit à se demander si l'on peut voyager dans le temps. Réel déplacement ou phénomène de voyance, la science n'a encore rien pu prouver.

Les sorcières

La dernière sorcière a été brûlée en France en 1718. Aujourd'hui encore, certains prétendent avoir passé un pacte avec le diable. Retour en arrière ou besoin d'irrationnel ?

Les sorcières au bûcher

La croyance aux sorcières se répand en Europe à partir de 1400, accompagnant guerres et épidémies. Des livres, écrits par des moines ou des magistrats, expliquent comment identifier ces complices du diable. Et bien que dès 1560 un médecin allemand, Johan Weyer, tente de montrer que leur contenu n'est que superstition, de tels ouvrages permettent pendant trois siècles d'envoyer au bûcher des milliers de femmes. Parmi les juges célèbres – et laïques – figurent Jean Bodin (1530-1596) et Nicolas Rémy (1530-1612) qui fait brûler plus de 3000 personnes en Lorraine.

Le sabbat

Du Moyen Âge à la fin du XVIIe siècle, la rumeur prétend que le démon, sous la forme de Léonard le grand bouc noir, préside le sabbat, cette réunion de sorcières et futures sorcières qui se tient dans une clairière, en général le samedi soir. En échange d'un pacte de renoncement à Dieu et à leur âme signé avec leur sang, les nouveaux venus reçoivent leurs pouvoirs, puis s'ensuivent orgies et banquet avec cannibalisme d'enfants. La nuit de Walpurgis, le plus célèbre sabbat rassemble, dit-on, toutes les sorcières d'Allemagne sur le mont Brocken le 1er mai de chaque année. À l'origine de ces croyances se trouvent, sans doute, des réunions nocturnes de vagabonds, de bohémiens ou de brigands, ainsi que la survivance de célébrations païennes clandestines.

« ***La sorcière est celle qui a fait un pacte avec le diable pour opérer des maléfices et qui va à des assemblées nocturnes nommées sabbats.*** » **(définition extraite du dictionnaire *Larousse* du *XIXe siècle*).**

Procès et tortures

À cette époque, la peur collective est telle qu'accuser quelqu'un de sorcellerie provoque son arrestation et presque à coup sûr sa condamnation. Les juges pensent qu'au moment de l'entente avec le diable, l'âme de la sorcière quitte son corps par un point devenant insensible. Pendant le procès, on pique donc au hasard l'accusée avec une longue aiguille, jusqu'à ce que, épuisée, elle ne réagisse plus. Et le « test » se révèle ainsi presque toujours positif! Des aveux suffisent ensuite pour être condamnée, et s'ils ne viennent pas d'eux-mêmes, la torture les fournit (ou provoque la mort, ce qui n'est qu'une autre manière d'aboutir au résultat voulu). Après le procès, la sorcière est torturée à nouveau pour qu'elle dénonce ses complices, ce qui conduit évidemment d'autres innocents devant le tribunal.

La régression actuelle vers l'irrationnel

Un reportage, diffusé en 1995 par France 3, révèle l'existence de lugubres cérémonies se déroulant la nuit, dans les bois en région parisienne, en présence de personnes masquées. Une jeune femme prétend avoir, comme jadis, passé un accord avec le diable.

Nourrie des problèmes de notre époque, la vieille croyance aux sorcières ressurgit donc, montrant que malgré les progrès techniques, la régression vers l'irrationnel est malheureusement toujours possible.

De tout temps, les hommes ont imaginé qu'il était possible de coopérer avec le mal, donc, dans nos pays christianisés, avec le diable.

L'exorcisme

L'exorcisme est le rite catholique ayant pour but de chasser les démons par la prière.

La possession

Pour l'Église catholique, c'est l'état d'une personne dont un (des) démon(s) dirige(nt) les faits et gestes après avoir pénétré dans son corps. La rumeur publique attribue aux possédés des actes invraisemblables, comme le fait de marcher au plafond! Mais le catholicisme ne se base que sur trois signes: parler une langue étrangère sans l'avoir apprise, connaître des faits cachés, déployer une force physique sans rapport avec son âge ou sa musculature.

La cérémonie

Elle se déroule dans un édifice religieux ou au domicile du possédé, en présence de ses seuls proches: pas question d'accepter des journalistes. Le prêtre s'assure d'abord que les démons sont bien là puis leur ordonne de quitter leur souffre-douleur. Il récite des prières, procède à des aspersions d'eau bénite et à des présentations de crucifix. Excessivement agité (il faut parfois le maintenir), le possédé répond aux prières en hurlant des phrases de la plus extrême vulgarité. Quand le malheureux est enfin calmé, le prêtre décide si une nouvelle séance est nécessaire.

« ***L'exorcisme est une cérémonie impressionnante qui peut agir efficacement sur l'inconscient des malades mais est cependant susceptible de susciter la mythomanie diabolique dans un psychisme débile.*** »
Révérend père Tonquédec, exorciste du diocèse de Paris, *Les Maladies nerveuses ou mentales et les manifestations diaboliques*, 1938.

Science et religion

Des trois critères de possession utilisés par l'Église, les deux premiers sont difficiles à appliquer: des onomatopées peuvent être confondues avec une langue étrangère, et comment s'assurer qu'un fait était bien caché? Quant au troisième critère, il se prête à tous les dérapages (en l'absence notamment d'expert médical lors d'un exorcisme): n'importe quel hystérique ou même épileptique peut déployer une force physique extraordinaire. On ne reprochera pas au catholicisme de ne pas s'en être aperçu, car les prêtres exorcistes conseillent souvent à ceux qui viennent les voir d'aller plutôt consulter un psychiatre ou un psycho-

logue. D'autre part, c'est le propre de la perception extrasensorielle (*voir* pp. 4-5) que de permettre de connaître une information située hors de portée des sens humains. De plus, la maîtrise – réelle et pas seulement apparente – d'une langue étrangère est à mettre en parallèle avec les performances des calculateurs prodiges qui sont capables d'effectuer des opérations compliquées aussi rapidement qu'une calculette. Peut-être certains cerveaux humains ont-ils de même la possibilité de pratiquer une langue étrangère en en connaissant seulement quelques bribes.

Vrais et faux exorcistes

La crise de la société contemporaine (chômage, sida, etc.) est à l'origine d'angoisses qui conduisent de plus en plus de personnes à vouloir rencontrer un exorciste. Les prêtres catholiques considèrent avec raison que, dans la plupart des cas, ce n'est pas à eux qu'il faut s'adresser. Mais à côté d'eux prolifèrent des imposteurs qui n'hésitent pas à revêtir des déguisements religieux pour exploiter cyniquement – et moyennant plusieurs milliers de francs au minimum – la détresse de leurs concitoyens. Un simple conseil donc : lorsqu'on demande l'aide d'un exorciste, vérifier d'abord qu'il s'agit bien d'un prêtre connu de l'évêque du lieu où l'on se trouve.

Le prêtre exorciste est choisi par son évêque pour ses connaissances théologiques et, de plus en plus souvent, pour ses compétences psychologiques.

Le spiritisme

La part de réalité contenue dans les récits sur lesquels reposent les dogmes du spiritisme ne suffit pas à prouver l'existence des « esprits ».

Les sœurs Fox

Le spiritisme est né aux États-Unis en 1848, lorsque deux fillettes de 15 et 12 ans, Margaret et Kate Fox, attribuent les coups entendus dans les murs de leur maison au fantôme d'un voyageur assassiné et enterré sur place en 1843. La découverte des restes d'un cadavre semble leur donner raison et, grâce au talent d'organisateur de la fille aînée, la famille Fox se spécialise dans la communication avec les morts moyennant finance.

Quand, quarante ans plus tard, un trucage est avoué par Margaret et Kate Fox, puis démenti, et enfin à nouveau reconnu, il est trop tard : des millions de personnes croient désormais aux « esprits ».

Allan Kardec

Hippolyte Rivail (1804-1869), un ancien instituteur, se montre d'abord sceptique envers le spiritisme. Mais, vers 1850, il en devient un propagandiste ardent – il mourra d'ailleurs d'épuisement – persuadé d'être guidé par l'âme du druide Allan Kardec.

Sous ce nom, il publie en 1857 *Le Livre des Esprits*, qui se veut l'équivalent de la Bible. Il y explique comment les « esprits » des personnes décédées, proches parents aussi bien que héros de l'Histoire, interviennent dans le monde des vivants.

Les grands naïfs

Le physicien anglais William Crookes (1832-1919) et l'écrivain écossais Conan Doyle (1859-1930, créateur de Sherlock Holmes) sont deux exemples significatifs de célébrités attirées par le spiritisme et trompées par des charlatans. Par contre, l'astronome français Camille Flammarion (1842-1925) ne s'est jamais départi de sa prudence, tout en étant profondément convaincu de la validité du spiritisme.

Zombie-ouvrier

En Haïti, on appelle zombie un mort qui sortirait de sa tombe pour devenir un ouvrier capable de se passer de sommeil et de nourriture. En 1980, une enquête de Jacques Pradel pour France-Inter montre qu'il s'agit en réalité de personnes droguées à leur insu, puis obligées de travailler dans des conditions proches de l'esclavage.

Esprits et médiums

Selon Kardec, les «esprits» se répartissent en catégories: par exemple, les «frappeurs» cherchent à perturber. «Ils» peuvent aussi se contenter de se manifester intellectuellement, conseillant les savants ou éveillant des vocations d'artistes (comme dans le cas, très curieux, du mineur de fond Lesage devenu peintre). Souvent, en présence d'un médium*, personne capable d'entrer en communication avec eux, «ils» ne reculent pas devant des agissements plus matériels: «ils» provoquent des bruits, déplacent des objets (la fameuse table tournante, *voir* pp. 44-45) ou en font apparaître; «ils» vont même jusqu'à accepter de se montrer en prenant l'apparence d'une masse vaporeuse et blanchâtre: l'ectoplasme (*voir* pp. 30-31).

« *Un des premiers résultats de mes observations fut que les esprits n'étaient autres que les âmes des morts* », Allan Kardec.

Une doctrine bien ancrée dans les esprits

Après un siècle de popularité exceptionnelle séduisant les intellectuels, attirant les mécènes, disposant de journaux, le spiritisme n'a pas résisté aux bouleversements mondiaux. Ce n'est qu'au Brésil qu'il demeure une religion de masse mélangée au christianisme et au vaudou*. Mais si la pratique a disparu, la doctrine spirite continue d'apporter une réponse simple à une angoisse éternelle: est-ce que la mort est une fin? C'est pour cela que le spiritisme reste enraciné dans les mémoires au point qu'au cimetière du Père-Lachaise, la tombe d'Allan Kardec est toujours couverte de fleurs fraîches…

Le spiritisme possède les caractéristiques des religions: comme les chrétiens par exemple, les spirites croient en Dieu et en l'immortalité de l'âme.

Maisons hantées ou « hantises »

La littérature et le cinéma fantastiques ont puisé le thème de la « maison hantée » dans une réalité connue depuis des temps anciens.

Définitions

Les objets qui bougent, les coups sourds et les sons d'origine inconnue, les dérangements électriques et téléphoniques incompréhensibles sont les principaux attributs des « maisons hantées ». Le mot « hantise » ou le terme humoristique allemand *Poltergeist* (« esprit chahuteur ») désignent le phénomène lui-même.

Les travaux d'un astronome et d'un gendarme

Les premières études sont dues au grand astronome français Camille Flammarion (1842-1925) auquel succède, en 1930, le commandant de gendarmerie Tizané. Celui-ci, travaillant à partir des rapports de ses collègues, est le premier à avoir mis en évidence, en 1951, un point essentiel : la présence dans toute « maison hantée » d'une personne psychologiquement troublée dont le départ, ou le retour à un certain équilibre, met fin aux événements. Aux États-Unis, le professeur Roll est l'actuel spécialiste de la question.

L'affaire de Rosenheim

Cette ville de Bavière est devenue, en 1967, le théâtre d'un cas de *Poltergeist* rendu célèbre par l'intensité des manifestations et par la qualité du travail scientifique effectué. Pendant plusieurs semaines, un cabinet d'avocat est gravement perturbé. Les néons s'allument et s'éteignent seuls ou encore se dévissent pour se fracasser à terre; les compteurs téléphoniques enregistrent des dizaines d'appels inexistants, des tableaux accrochés aux murs oscillent, des explosions retentissent et on peut même filmer une armoire métallique en mouvement. Diverses équipes scientifiques mènent sans succès des recherches trop approfondies pour qu'on puisse les évoquer ici, et concluent qu'aucune théorie ne rend compte des faits. La même année, le docteur Bender de l'Institut de parapsychologie de Fribourg fait cesser le désordre en éloignant une jeune employée de bureau en conflit avec son père.

Problème psychologique ou petits ennuis ?

Les vrais « hantises » sont rares, les fausses non : ces dernières consistent généralement en bruits explicables par une farce, la malveillance, un défaut dans la construction d'un bâtiment, des écoulements d'eaux souterraines. Dans les autres cas, les scientifiques cherchent avant tout à résoudre le problème psychologique. Mais ils se privent ainsi de la possibilité d'investigations poussées. En effet, si le problème psychologique est résolu, plus rien ne se produit et on ne peut donc plus rien observer. Un choix éthique s'impose alors.

Ce problème psychologique n'est d'ailleurs jamais excessivement grave en lui-même. Il s'apparente plutôt aux ennuis que nous vivons tous chaque jour, sans que pour autant nos objets familiers se mettent à danser. C'est cet aspect des « hantises » qui est particulièrement intrigant. Quant au fait d'évoquer une énergie mystérieuse, c'est parler pour ne rien dire tant que cette énergie ne sera pas mise en évidence. Et, malgré une croyance très répandue, rien ne permet d'attribuer un *Poltergeist* à l'action d'une personne décédée.

À Rome déjà

Une « hantise » est décrite dans le chapitre VII du recueil de *Lettres* de l'écrivain latin Pline le Jeune (vers 61-114).

Un film à succès

Le scénario du film *Poltergeist* (1983), produit par Steven Spielberg et réalisé par Tobe Hooper, ne tient presque pas compte des documents scientifiques existants. Ce qui ne l'a pas empêché de remporter un énorme succès, grâce notamment à de remarquables effets spéciaux.

Très impressionnants, les effets physiques des « hantises » se sont révélés sans danger dans tous les cas étudiés, qui ont pour point commun la présence d'une personne psychologiquement troublée.

Les tables tournantes

Destinée, selon le spiritisme, à communiquer avec les morts, la table tournante n'est plus de nos jours qu'une distraction donnant parfois le frisson.

La séance

Il faut, en application des règles du spiritisme (*voir* pp. 40-41), s'installer dans une semi-obscurité autour d'un guéridon léger à trois pieds. Un médium* réputé capable de faciliter les manifestations des esprits doit se trouver, si possible, parmi les participants. Ceux-ci appuient doucement leurs mains sur le plateau du guéridon, pouces joints, le petit doigt touchant celui du voisin. Au bout d'un moment, le mouvement commence et c'est l'instant de la fameuse interrogation : « *Esprit, es-tu là ? un coup pour oui, deux coups pour non.* » Puis, en frappant une fois pour a, deux pour b et ainsi de suite jusqu'à vingt-six pour z, « l'esprit » épelle son nom. Enfin, avec plus ou moins de réussite, il répond aux questions ou délivre des messages.

Planer ou osciller ?

Pendant les réunions spirites, les tables ne tournent pas et ne quittent pas le sol. Elles oscillent sur un pied. En Mongolie, on croit tout de même qu'une table peut planer pour découvrir un voleur !

Le oui-ja et le verre

Le dialogue avec le guéridon étant terriblement lent, les spirites ont eu l'idée d'utiliser le oui-ja : c'est une petite planche de forme allongée à l'extrémité pointue et montée sur roulettes.

On dispose tout autour du oui-ja, sur une grande table lisse, des carrés de papier portant les lettres de l'alphabet (ou les jetons d'un jeu de scrabble). Chaque participant pose un doigt sur la planchette qui va se déplacer en désignant des lettres les unes après les autres. À défaut de oui-ja, on peut sans inconvénient employer un verre retourné.

Esprit, es-tu vraiment là ?

Il faut bien différencier les deux phases que sont d'une part le mouvement de la table, et d'autre part les réponses aux questions posées par les participants. Pour la première phase, les choses sont très claires : le guéridon (ou le verre) bouge parce que des pressions, même légères, suffisent à le pousser sans qu'on s'en rende compte, tout en étant de bonne foi bien sûr. Entre 1850 et 1860, le grand chimiste français Eugène Chevreul (1786-1889) est le premier à s'en douter, et le non moins grand physicien anglais Michael Faraday (1791-1867) met ce mouvement en équation dès 1853. De plus, il n'existe pas de témoignage sérieux de table « s'ébranlant » sans que des mains soient en contact avec elle.

Cela étant, un vrai problème reste posé, car des observations solides montrent, en 1974, que l'on peut obtenir des réponses correctes, alors qu'elles sont inconnues de tous ceux qui participent à l'opération. La seule hypothèse raisonnable est celle de la voyance collective : les mouvements des mains se coordonnent inconsciemment pour fournir la réponse exacte, parce que toutes les personnes présentes ont appris cette réponse grâce à la perception extrasensorielle (*voir* pp. 4-5).

Chacun, bien entendu, reste ensuite libre de croire ou non que cette information lui a été transmise par l'esprit d'une personne décédée.

À propos de la table tournante comme de tout phénomène paranormal, il est indispensable de distinguer les faits eux-mêmes de l'interprétation qui peut en être proposée.

La NDE ou « mort imminente »

On nomme NDE – *near death experiment* – le contenu de ce que racontent certaines personnes ayant approché la mort. Sans être identiques, ces récits se recoupent étroitement.

« La NDE n'est pas une preuve de la survivance de la conscience après la mort du corps car elle reste propre à un sujet qui n'est pas mort et qui l'a racontée. »
Richard Broughton, in *Parapsychology : a controversial science*, 1991.

Les phases

La NDE comporte plusieurs stades. Elle se produit au moment d'un accident, d'une crise cardiaque, etc. Une fois rétablis, les sujets déclarent avoir éprouvé une profonde paix intérieure puis emprunté un tunnel débouchant dans un espace baigné d'une lumière d'une qualité inexprimable. Tous ajoutent que le retour vers la lucidité s'est effectué malgré une forte réticence de leur part. Certains précisent de plus qu'ils ont entendu de la musique, croisé des membres décédés de leur famille ou rencontré des êtres mystérieux. Dans les mois suivant l'événement, les proches notent une évolution de la personnalité chez l'individu ayant vécu une NDE: après elle, la crainte de la mort disparaît et l'ouverture aux autres s'agrandit.

Le débat

L'assimilation de la NDE à un petit tour dans l'au-delà est illogique: premièrement, parce que les religions ne parlent que de séjours définitifs commençant avec la mort; deuxièmement, parce que cette assimilation ne repose scientifiquement sur rien puisque l'existence de l'au-delà reste à prouver. Des médecins ont pensé que la NDE pouvait être une hallucination provoquée par un manque d'oxygénation du cerveau. Mais ce type de délire se caractérise par un état de confusion et un sentiment de peur qui sont à l'opposé de ce que ressentent les sujets lors d'une NDE. Quant à dire que les NDE sont dues à la présence de sentiments religieux, c'est oublier que l'on en trouve aussi chez ceux qui ont reçu une éducation athée. Carl Sagan, le célèbre astronome américain, s'est demandé si la NDE n'était pas un souvenir de la naissance (sortie du ventre de la mère, arrivée au jour, perception de la présence d'un médecin ou d'une infirmière). Cette hypothèse séduisante est contredite par les NDE observées chez des personnes nées par césarienne et par le fait qu'un nouveau-né ne peut mémoriser les éléments nécessaires à la construction de ce souvenir.

Des perspectives

L'étude des NDE relève de la seule compétence des chercheurs en médecine, car c'est en milieu hospitalier que l'on dispose des meilleures possibilités d'observation. Cependant, il faut noter qu'une enquête menée en 1983 à Toulouse par le professeur Christian Virenque n'a pas permis d'enregistrer un seul cas et qu'il a fallu des années pour rassembler, sur toute la planète, les quelques centaines de dossiers sérieux. Le phénomène est donc probablement plus rare que ne le laissent entendre des groupements qui s'y intéressent, sans être nécessairement qualifiés pour cela.

Hors du corps

La « sortie du corps » est l'impression que l'on a parfois de s'observer soi-même pendant le sommeil ou bien en se reposant, ou encore en train d'agir. De même, la NDE suggère – mais pas davantage – la possibilité, lorsqu'on est proche de la mort, d'une dissociation du corps et de la conscience.

La découverte de la NDE date d'un quart de siècle et son interprétation scientifique reste problématique. Quelque chose se passe, mais quoi?

La transcommunication

Selon les adeptes de la transcommunication, les morts utilisent des magnétophones et des magnétoscopes pour nous envoyer des messages.

Formation de groupes

En 1952, un prêtre italien, professeur de physique, annonce avoir enregistré, sans le vouloir, une voix qui lui semble être celle de son père décédé.

Vingt ans après, l'Allemand Konstantin Raudive affirme, lui, détenir déjà des milliers de preuves, à savoir des enregistrements de voix de nombreuses personnes mortes. Mais c'est vers 1990 que l'étape décisive est franchie: la présentation d'images vidéo floues montrant soi-disant des défunts et la parution de livres permettent, en particulier en Allemagne, au Luxembourg et en France, la formation de groupes qui déclarent pratiquer la transcommunication en permanence. Ils prétendent même être appelés au téléphone par des morts!

La technique et ses résultats

Les transcommunicateurs ne le cachent pas : avoir des nouvelles d'un défunt n'est pas facile. Il faut d'abord enregistrer un bruit de fond (par exemple, les désagréables crachotements d'un poste de radio réglé entre deux stations ou le frottement de deux casseroles), avant de placer la cassette dans un magnétophone.

Après quoi, en réécoutant la bande pendant des heures et des semaines, tout en modifiant sa vitesse de défilement, on finit par entendre ou croire entendre une voix qui se superpose aux bourdonnements.

Si l'on préfère des images, une installation compliquée, comprenant un Caméscope placé face à un téléviseur sans antenne, permet d'obtenir des tâches floues. Et celles-ci peuvent être prises pour des visages…

Transcommunication et psychologie

Le fait de croire que les morts se manifestent réconforte apparemment ceux qui sont dans la peine. Mais les psychologues savent à quel point il est dangereux de ne pas parvenir à accepter un deuil.

Le point de vue de la science

Les transcommunicateurs comptent parmi eux quelques ingénieurs et techniciens mais ont, jusqu'à présent, toujours trouvé des prétextes pour tenir la science à distance. Spécialisé dans le paranormal et connu pour sa grande ouverture d'esprit, le physicien allemand Walter Von Lucadou réussit, en 1991, à être reçu par Martin Wenzel, l'as germanique de la transcommunication télévisée. Mais il ne découvre que bricolage électronique et naïveté, chacun pouvant, comme lors d'un test psychologique, interpréter à sa manière les masses mouvantes vues sur l'écran. Quant aux rares enregistrements sonores remis au Laboratoire de parapsychologie de Toulouse, des techniciens radio ont toujours su facilement expliquer l'origine des voix qu'on y entendait (par des effets parasites dus à des émissions de radioamateurs par exemple).

Les dangers

La transcommunication n'est faite que d'exaltation et de désespoir. Von Lucadou n'a pas caché son souci : s'ils sont remis en question, les transcommunicateurs se conduisent comme les membres d'une secte. Se sentant agressé, ce groupe réuni autour d'une croyance se referme sur lui-même. Il y a les dirigeants (qui au mieux se prennent à leur propre jeu et au pire sont des escrocs) et il y a les victimes accablées par un deuil, attendant qu'on leur remette une cassette comme d'autres attendent leur dose de drogue.

La transcommunication sert de prétexte à des attitudes d'autant plus discutables ou inquiétantes que rien ne permet de penser que le mot recouvre une réalité.

La réincarnation

L'islam, le judaïsme et le christianisme récusent la réincarnation. Pourtant, quoi de plus humain que de vouloir, malgré la mort, retrouver les agréments de l'existence ?

L'affaire Bridey Murphy

La mode de la réincarnation est lancée au début des années 1950 aux États-Unis par Morey Bernstein, un hypnotiseur amateur. Dans un livre à succès, *À la recherche de Bridey Murphy* (1957), il raconte comment une jeune femme, endormie par lui, décrit en détail sa vie en Irlande vers 1780 : elle se nommait alors Bridey Murphy. Les vérifications scientifiques montrent, malheureusement trop tard, que toute l'histoire est inventée par Bernstein lui-même et par la jeune femme en question.

Pythagore et son ami le chien

La réincarnation n'est pas une spécialité hindoue comme on le croit aujourd'hui. Pythagore, philosophe grec du VIe siècle av. J.-C., y croyait fermement, et parlait de ses vies antérieures. Il a même cru reconnaître l'un de ses amis réincarné dans un chien qui aboyait.

Hypnose et vies antérieures

De soi-disant spécialistes proposent, moyennant finance, de retrouver les vies antérieures grâce à l'hypnose*. Ces imposteurs parlent de « régression » et même de psychanalyse des existences précédentes. Il faut savoir que l'hypnose est une technique médicale dangereuse lorsqu'elle est pratiquée sans compétence. De plus, en songeant trop aux vies antérieures, on se coupe de la réalité d'une manière inquiétante d'un point de vue psychologique. Il peut y avoir dissociation de la personnalité.

Les travaux de Ian Stevenson

Ce psychiatre américain de l'université de Virginie est le grand spécialiste des récits de réincarnation qu'il étudie depuis 1961. Il se restreint à ceux fournis spontanément par des enfants.

À l'issue d'enquêtes d'une excessive minutie, il présente, à partir de 1974, dans cinq livres, les plus importants des deux cent cinquante cas retenus: ceux-ci proviennent du monde entier et pas seulement de pays dans lesquels l'idée de réincarnation est entrée dans les mœurs.

Stevenson a vérifié chaque fois que la personne décédée dont l'enfant connaît la vie a bien existé et que les épisodes racontés sont exacts.

Les cas les plus spectaculaires sont ceux d'enfants portant sur leur corps les mêmes marques (cicatrices ou autres) que celui ou celle qu'ils disent avoir été.

Rien n'est encore prouvé

Stevenson déclare avec fermeté que, pris séparément ou dans leur ensemble, ses dossiers ne constituent pas la preuve de la réalité de la réincarnation. Ils suggèrent à peine qu'elle est une hypothèse parmi d'autres, comme, par exemple, celle de la mise en œuvre d'une forme particulière de perception extrasensorielle (*voir* pp. 4-5): l'enfant aurait connaissance de la vie d'un autre par une forme de voyance.

Et Stevenson ajoute avec un remarquable esprit scientifique: « *Ma seule conclusion est la nécessité d'approfondir l'étude de cas analogues.* »

À moins que, comme le remarque Richard Broughton de l'Institut de parapsychologie de Durham en Caroline du Nord (États-Unis), la réincarnation n'ait été simplement inventée par nos ancêtres, pour donner un sens à ces faits de perception extrasensorielle qui s'imposaient à eux, et dont la science a commencé l'étude depuis un siècle.

Le karma

Doctrine hindoue selon laquelle la réincarnation s'accompagne d'une évolution spirituelle. Le karma est très mal interprété en Occident, où l'on préfère penser que la nouvelle vie sera plus réussie que les précédentes, mais seulement sur le plan matériel.

La réincarnation admet que l'âme existe et suppose que celle d'une personne décédée intègre un corps au moment de la naissance.

Voyance et télépathie au laboratoire

Abordée à la fin du XIXe siècle par Charles Richet, prix Nobel de médecine en 1912, l'approche expérimentale de la voyance et de la télépathie a connu plusieurs stades. Les centres de recherches – les laboratoires de parapsychologie – sont implantés en majorité aux États-Unis et en Grande-Bretagne.

Les résultats du professeur Rhine

À partir de 1927, le professeur américain Joseph B. Rhine, aidé de son épouse Louisa (*voir* pp. 8-9), entreprend, pour la première fois au monde, dans un laboratoire de la Duke University à Durham en Caroline du Nord (États-Unis), l'étude systématique de la voyance et de la télépathie (*voir* pp. 4-5). Rhine choisit ses sujets au hasard dans un premier temps, puis il garde ceux qui obtiennent les meilleurs résultats aux tests. Il leur demande de trouver ou de transmettre un symbole géométrique tiré au sort parmi une liste de cinq. Ce type de tentative renouvelé à des milliers de reprises (1850 essais pour une expérience de télépathie par exemple) lui permet, en utilisant le calcul statistique, de publier en 1935 ses premiers comptes rendus d'expériences réussies.

Science et « voyants » professionnels

Il arrive aux laboratoires de parapsychologie d'authentifier des cas exceptionnels. Mais, malgré cela, l'ensemble des résultats expérimentaux significatifs contredit quasi systématiquement ce que les « voyants » professionnels disent de leurs « pouvoirs », en particulier qu'ils fonctionnent à plein temps !

La vision à distance

Dans les expériences, début 1974, des physiciens américains Hal Puthoff et Russell Targ du Stanford Research Institute en Californie, des personnes, préalablement sélectionnées à l'aide de tests, doivent découvrir le lieu où se trouve l'expérimentateur. Le policier Pat Price et l'écrivain Ingo Swann connaissent des succès remarquables. Ces expériences sont reprises, à partir de 1980, à l'université de Princeton et par la CIA (*Central Intelligence Agency*) dans le cadre de ses activités d'espionnage.

Soigner sa réputation

La plupart des « voyants » français célèbres n'ont jamais poussé la porte d'un laboratoire. Leur réputation repose uniquement sur d'habiles campagnes publicitaires ou bien sur l'opinion de journalistes qui ont écrit des livres sans aucune base scientifique sur ces vedettes de la voyance.

La technique Ganzfeld

Cette technique est introduite en 1979 par Charles Honorton, psychologue expérimental américain, et utilisée actuellement à l'université d'Édimbourg en Écosse. Un sujet en état de privation sensorielle (caches spéciaux sur les yeux, bruit uniforme dans les oreilles…) doit décrire l'image ou l'extrait de film tiré au sort par un ordinateur dans une pièce voisine. Le meilleur résultat est obtenu en 1989 par un jeune acteur qui a dépeint en détail une affiche publicitaire de Coca-Cola éditée pour Noël 1950.

Chercheurs français

René Warcollier, ingénieur chimiste, tente avec succès vers 1950 des télépathies de groupe à faible distance (transmission de mots, de dessins). En 1967, le docteur Jean Barry met sur pied une expérience étalée sur plusieurs mois. Un objet choisi au hasard à Bordeaux doit être dessiné par une dame habitant près de Paris et semblant avoir déjà vécu des phénomènes de voyance. La précision de la plupart des dessins obtenus est telle qu'elle fait de cette expérience une grande réussite. Actuellement, Bernard Auriol, un psychiatre toulousain, travaille sur l'apprentissage de la télépathie. Dans ses expériences, les « récepteurs » reçoivent un signal d'encouragement lorsqu'ils trouvent une couleur, un mot, etc. auquel pensent les « émetteurs ».

Souvent austères, parfois même ennuyeuses selon certains participants, les expériences en laboratoire ont tout pour décevoir ceux qui s'attendent aux effets spectaculaires du cinéma fantastique.

Le paranormal et les animaux

Pour analyser le comportement paranormal des animaux, on emploie purement et simplement les méthodes de la biologie.

Rémy Chauvin
C'est en gardant ses convictions d'homme de laboratoire que ce célèbre biologiste, professeur à la Sorbonne, spécialiste mondial des abeilles et des fourmis, s'est intéressé depuis les années 1950 aux phénomènes paranormaux.

Mars, le chien télépathe

En 1924, le physiologiste russe Vladimir Bechterev (1857-1927) étudie de près le chien Mars. Lorsque son maître, le dresseur Durov, installé dans un local séparé, pense à un nombre, le chien aboie autant de fois que nécessaire pour que cela corresponde au nombre en question. Mars est également capable de découvrir, sans se servir de son odorat, un objet choisi à l'avance et placé parmi d'autres dans une pièce où il n'a jamais mis les pattes.

Les souris et l'électricité

C'est en 1968 que le professeur Chauvin (*voir* ci-contre) met sur pied l'une de ses plus fameuses expériences. Des souris circulent individuellement dans un labyrinthe.

Elles doivent à un moment donné choisir entre deux couloirs, tandis qu'un dispositif, entièrement automatique, envoie au hasard de légères décharges électriques tantôt dans l'un, tantôt dans l'autre de ces couloirs. Les expérimentateurs eux-mêmes ne découvrent celui qui reçoit les décharges qu'en observant l'animal. Les calculs statistiques montrent alors que les souris empruntent le plus souvent le chemin non électrifié, comme si elles connaissaient à l'avance la direction à prendre pour éviter le choc électrique.

Les lapines copines

Entre 1978 et 1982, réalisant en solitaire des expériences complexes, le médecin français Bernard Thouvenin met en évidence, chez des lapines, un comportement qui ressemble fortement à la télépathie (*voir* pp. 4-5). Après avoir été élevées ensemble, deux lapines sont munies d'un appareillage permettant de mesurer très précisément leurs réactions physiologiques. Elles sont de plus installées dans des clapiers séparés, situés à vingt mètres l'un de l'autre. Lorsque l'une des deux éprouve une émotion au déclenchement d'une sonnerie qu'elle est la seule à entendre, l'autre réagit de la même manière!

Les poussins et le tychoscope

Biologiste et médecin français, René Péoc'h entame en 1987 une magistrale série d'expériences qui se poursuit aujourd'hui encore. Des poussins sont mis en présence d'un appareil de la taille d'une petite boîte de conserve : le tychoscope. Motorisé, le tychoscope possède un dispositif qui l'oblige à circuler strictement au hasard; et lorsque les poussins sont familiarisés avec cet objet mobile, ils le prennent pour un substitut de leur mère, conformément à la très classique théorie biologique dite de l'empreinte (*voir* encadré). Mais à partir de ce moment, le tychoscope se dérègle inexplicablement et a tendance à se rapprocher des poussins comme s'ils attiraient vers eux, par un moyen mystérieux, cette maman-poule artificielle. Ces expériences ont valu à juste titre à René Péoc'h une notoriété internationale.

La théorie de l'empreinte

« ***Konrad Lorenz a constaté qu'un poussin éclos en couveuse en dehors de sa mère suit le premier objet mobile qu'il rencontre, que cet objet soit un homme, un ballon, n'importe quoi pourvu que ce soit mobile puis fait une fixation durable sur cet objet. C'est une tendance automatique et terriblement impérieuse.*** »
Rémy Chauvin, *La Fonction psy*, Robert Laffont, 1991.

Diverses expériences menées avec des animaux tendent à confirmer que les facultés dites paranormales sont avant tout des possibilités mal connues des êtres vivants.

Le paranormal dans le monde

Dans plusieurs pays industriels, des services gouvernementaux s'intéressent au paranormal car il s'agit d'un domaine dont l'exploration scientifique débute. La plupart des rumeurs qui entourent ces recherches relèvent néanmoins de la mauvaise science-fiction.

En ex-URSS

Parfois soutenus par leur gouvernement, parfois victimes de l'arbitraire selon les époques, les chercheurs soviétiques ont malgré tout connu de grands moments entre 1920 et 1985, alors qu'aujourd'hui l'état de leur pays ne permet plus de mener des recherches sérieuses. Dans les années 1930, le physiologiste Vassiliev réalise des expériences d'hypnose* à distance (*voir* pp. 12-13) et, à partir de 1968, des équipes complètes de physiciens et de biologistes étudient le cas de Nina Kuligina, l'épouse d'un ingénieur. Elle provoque le déplacement de petits objets enfermés dans une boîte de plastique ou influence l'aiguille d'une boussole. Pendant le déroulement de ces phénomènes, son pouls atteint 240 pulsations par minute (la moyenne tournant autour de 80), elle perd du poids, le taux de sucre dans son sang augmente et on observe une activité intense de certaines parties de son cerveau.

En Chine

Avec beaucoup de rigueur, on ne parle pas en Chine de paranormal mais de « fonctions exceptionnelles du corps humain ». Sous la direction du physicien Lin Shu-huang, dix-neuf chercheurs étudient en 1982-1983 le cas Zhang Bao-sheng. Il aurait produit des phénomènes comparables à ceux attribués à Uri Geller (*voir* pp. 26-27). Un film tourné avec lui et montrant une pilule qui traverse la paroi d'un flacon de verre scellé obtient alors un prix scientifique officiel en 1987. Un important programme de recherches

La guérisseuse moscovite

Leonid Brejnev, ancien dirigeant soviétique, a bien été soigné à la fin de sa vie par une guérisseuse qui a ensuite donné des consultations à Moscou.

sur les aspects paranormaux des médecines traditionnelles chinoises débute en 1987. Mais un contrôle gouvernemental en limite la diffusion des résultats vers l'étranger, bien qu'en 1990 deux chercheurs effectuent une tournée de conférences aux États-Unis.

Aux États-Unis

Souvent associés aux grandes universités américaines, les laboratoires d'étude du paranormal des États-Unis sont les meilleurs du monde. Ils ont travaillé à plusieurs reprises pour des services gouvernementaux. Fin 1995, la CIA (*Central Intelligence Agency*) révèle avoir financé le programme Stargate portant sur l'utilisation de la voyance pour l'espionnage. Les conclusions sont mitigées car les « voyants » ont bien fourni des informations exactes, mais ne correspondant pas forcément aux objectifs : par exemple, l'un d'entre eux a décrit correctement un prototype étranger de navire de guerre sans pouvoir préciser dans quel port il se trouvait. Un grand débat sur la poursuite de ce programme s'est alors engagé, tant dans les milieux politique et scientifique que dans la presse.

Le sous-marin

Une rumeur très répandue, bien que sans le moindre fondement, concerne le sous-marin américain Nautilus : en 1959, il aurait communiqué avec sa base grâce à un mystérieux télépathe...

Il faudra des années de travail en laboratoire pour comprendre le mécanisme des phénomènes paranormaux. Leur utilisation à des fins d'espionnage ou pour des enquêtes policières par exemple est donc pour le moment très problématique.

Glossaire

Anthropologie: ensemble des sciences qui étudient l'homme.

Apparition: manifestation d'un être surnaturel (la Vierge Marie par exemple) ou d'une personne décédée (fantôme) ou sur le point de décéder. Il ne s'agit souvent que d'hallucinations.

Aura: halo lumineux et coloré entourant les mystiques selon certains livres religieux. C'est l'auréole des saints pour le catholicisme. L'aura est invisible à l'œil nu sauf par les charlatans.

Channels: personnes qui affirment servir d'intermédiaires avec des entités extraterrestres ou surnaturelles. Elles sont très populaires aux États-Unis. Forte probabilité de charlatanisme.

Combustion spontanée: les personnes qui meurent carbonisées dans des conditions inexpliquées sont victimes de combustion spontanée. Selon certains chercheurs, ce phénomène pourrait être attribué à des propriétés propres aux graisses du corps humain.

Envoûtement: pratique des sorcières visant à plonger quelqu'un dans le malheur ou à le faire agir contre son gré.

Ésotérisme: forme de certaines doctrines de type religieux qui réclament le secret à leurs adeptes, les initiés, et leur promettent parfois des pouvoirs mystérieux.

ESP: sigle anglo-saxon pour «perception extrasensorielle».

Esprit: selon certaines croyances, c'est la partie immatérielle et immortelle de l'être humain. Après la mort, il peut se manifester (spiritisme) ou prendre place dans un autre corps (réincarnation).

Hypnose: sommeil artificiel rendant sensible à la suggestion. Provoquée par des techniques ayant beaucoup évolué depuis le XIXe siècle, l'hypnose offre des possibilités médicales et psychothérapeutiques réelles, mais l'amateurisme est dangereux. Les hypnotiseurs de music-hall opèrent à la fois avec des spectateurs volontaires et des comparses.

Kirlian (effet de): il s'agit de photographies, effectuées grâce à un procédé inventé par Semyon Kirlian, de radiations invisibles à l'œil nu émises par les organismes vivants. Ce phénomène est bien connu des physiciens sous le nom d'effet couronne. Il n'a aucun rapport avec l'aura.

Lévitation: possibilité de s'affranchir des lois de la pesanteur. La lévitation aurait été observée par des témoins de bonne foi chez plusieurs saints, chez des moines tibétains et, au XIXe siècle, avec le célèbre médium Douglas Home. Mais jamais encore ce phénomène n'a été abordé dans des conditions scientifiquement satisfaisantes.

Magie: synonyme de sciences occultes (désigne aussi, bien sûr, un spectacle de music-hall). La magie blanche aurait pour but de faire le bien, la magie noire (ou rouge) le mal.

Marche sur le feu: pratiquée en divers points de la Terre, elle consiste à s'avancer pieds nus sur un tapis de braises. Mais le risque de brûlure est en réalité pratiquement nul malgré les apparences, les braises s'éteignant au contact de la peau.

Médium: pour le spiritisme, c'est une personne capable de permettre aux esprits des morts de se manifester. Pour les scientifiques spécialisés, il s'agit d'une personne capable de produire des phénomènes paranormaux intenses.

Numérologie: calcul permettant prétendument de connaître l'avenir et le caractère de quelqu'un. Dépourvue de toute base scientifique, la numérologie serait malheureusement utilisée dans certaines entreprises pour le recrutement du personnel.

Paranormaux (phénomènes): phénomènes dont la méthode scientifique permet de constater la réalité mais qui n'entrent pas dans le cadre des théories scientifiques actuellement connues.

Parapsychologie: mot utilisé depuis 1930 à l'initiative du professeur américain Joseph B. Rhine pour désigner des phénomènes paranormaux observables chez l'homme, en particulier les phénomènes ESP et PK.

PK: sigle anglo-saxon pour psychocinèse.

Psychocinèse: ensemble des actions qui semblent se déclencher sous le seul effet de la volonté d'une personne, notamment le déplacement de petits objets. Cas célèbres à l'époque contemporaine : Uri Geller (*voir* pp. 26-27), Nina Kuligina, Zhang Bao-sheng (*voir* pp. 56-57).

Pyramide: même si la civilisation des pharaons n'est pas complètement connue, les mystères des pyramides concernent surtout le cinéma et la bande dessinée. On leur a octroyé beaucoup de pouvoirs. Quant à ceux attribués à des maquettes de pyramides (reconstitution à échelle réduite de la pyramide de Khéops par exemple, ayant les mêmes proportions et la même orientation géographique), ils n'ont pas été prouvés. On prêtait à ces maquettes le pouvoir d'assurer le vieillissement du vin ou l'affûtage des lames de rasoirs.

Sciences occultes: méthodes plus ou moins secrètes (telles que le fait de piquer des statuettes de cire avec des aiguilles) prétendant faire agir des forces mystérieuses. Elles sont souvent associées à l'ésotérisme ou aux sectes.

Transe: état psychophysiologique encore mal connu, caractérisé notamment par une perte totale ou partielle de la conscience, une modification du rythme cardiaque, une insensibilité à la douleur, un changement du son de la voix.

Vaudou: religion, mélangeant d'anciennes croyances africaines avec des éléments de catholicisme et de sorcellerie, surtout pratiquée en Haïti et au Brésil (sous le nom de macumba). Les cérémonies sont nocturnes, plus ou moins secrètes et souvent morbides (danses frénétiques, sacrifices d'animaux, évocation du baron Samedi, dieu des cimetières).

Yogis: bien qu'étant anciennes (1937-1955), les expériences du docteur Thérèse Brosse vont dans le sens des témoignages qui rapportent que les yogis hindous sont capables d'agir en partie sur le fonctionnement de leur corps par les techniques du yoga.

Bibliographie

BROCH (Henri),
Le Paranormal,
Seuil, collection de poche « Points Sciences », 1989.
La controverse autour des phénomènes paranormaux a donné naissance à un point de vue dit « sceptique » dans les pays anglo-saxons. En France, où courtoisie, tolérance et rigueur du débat ne sont pas toujours garanties, ce point de vue est défendu dans ce livre. Sur Minitel 36 15 ZET.

BROUGHTON (Richard),
Parapsychologie : une science controversée,
Le Rocher, 1996.
Bilan scientifique très complet et n'esquivant pas le débat.

CHAUVIN (Rémy),
La Fonction psy,
Robert Laffont, 1991.
Le plus récent ouvrage du professeur Chauvin. Intéressants chapitres sur les guérisseurs, la prémonition, l'hypnose, etc.

CHIRON (Yves),
Enquête sur les apparitions de la Vierge,
Perrin-Mame, 1995.
Bon travail historique, manquant parfois un peu d'esprit critique.

DUNNE (Brenda), Jahn (Robert),
Aux frontières du paranormal,
Le Rocher, 1991.
Présentation détaillée d'importantes expériences américaines.

EDELMANN (Nicole),
Voyantes, guérisseuses et visionnaires en France (1785-1914),
Albin Michel, 1995.
Panorama des « métiers du paranormal » au XIXe siècle.

LIGNON (Yves),
Introduction à la parapsychologie scientifique,
Calmann-Lévy, 1994.
État des lieux méthodique, utilisant l'ordre alphabétique. Ouvrage destiné principalement aux lycéens et aux étudiants.

LOUIS (René),
Dictionnaire du Mystère,
Le Félin, 1994.
Mérite son titre malgré quelques omissions.

NICOLINI (Richard),
Maisons hantées : la vérité parapsychologique,
Saint-Arnoult, 1993.
La minutieuse enquête d'un journaliste.

STEVENSON (Ian),
Les Enfants qui se souviennent de leurs vies antérieures,
Sand, 1995.
Dernier ouvrage de Stevenson disponible en français. Aussi solide et austère que passionnant.

WALLON (Philippe),
Expliquer le paranormal,
Albin Michel, 1996.
Une tentative pour dépasser les problèmes théoriques posés par les phénomènes paranormaux.

Dans la collection « Les Essentiels Milan »

CENTRE ROGER-IKOR,
Les Sectes,
Toulouse, 1996.

Revues

Sciences Frontières,
revue dirigée par Jean-Yves Casgha,
8 bis, rue du Chemin de fer,
94110 Arcueil.
Tél. : 01 45 46 55 00,
fax : 01 45 46 44 24.
Cette publication, disponible uniquement sur abonnement, est à la fois rigoureuse et d'un niveau accessible.

Sur Internet

Deux sites Web :
– en français :
http ://members.aol.com/geepplpt/GEEPP.html
– en anglais : http ://eeyore.lv-hrc.nevada.edu/ cogno/para1.html

CD-Rom

Le Paranormal,
un CD-Rom très convivial, disponible auprès de Mario Varvoglis, chercheur américain vivant en France.
S'adresser aux Éditions numériques, 52, rue Édouard-Pailleron, 75019 Paris.
Tél. : 01 48 03 31 17.

Index *Le numéro de renvoi correspond à la double page.*

Dans la même collection :

Responsable éditorial : Bernard Garaude, Directeur de collection – édition : Dominique Auzel,
Secrétariat d'édition : Véronique Sucère, Correction – révision : Jacques Devert,
Iconographie : Sandrine Guillemard,
Conception graphique – couverture : Bruno Douin,
Maquette : octavo, Illustrations : Jean-Claude Pertuzé,
Fabrication : Isabelle Gaudon, Hélène Zanolla

Aubin Imprimeur, 86240 Ligugé. — D.L. novembre 1996. — Impr. P 52913